U0090243

臺灣歷史與文化研究輯刊

十四編

第11冊

當代臺灣布袋戲「主演」之研究（下）

劉信成 著

花木蘭文化事業有限公司

國家圖書館出版品預行編目資料

當代臺灣布袋戲「主演」之研究（下）／劉信成 著 — 初版 —
新北市：花木蘭文化事業有限公司，2018〔民 107〕
目 4+166 面；19×26 公分
（臺灣歷史與文化研究輯刊十四編；第 11 冊）
ISBN 978-986-485-594-0（精裝）
1. 布袋戲 2. 臺灣
733.08　　107012698

ISBN-978-986-485-594-0

臺灣歷史與文化研究輯刊
十四編　第十一冊　　ISBN：978-986-485-594-0

當代臺灣布袋戲「主演」之研究（下）

作　　者　劉信成
總 編 輯　杜潔祥
副總編輯　楊嘉樂
編　　輯　許郁翎、王筑　美術編輯　陳逸婷
出　　版　花木蘭文化事業有限公司
發 行 人　高小娟
聯絡地址　235 新北市中和區中安街七二號十三樓
　　　　　電話：02-2923-1455／傳眞：02-2923-1452
網　　址　http://www.huamulan.tw 信箱 hml 810518@gmail.com
印　　刷　普羅文化出版廣告事業
初　　版　2018 年 9 月
全書字數　283080 字
定　　價　十四編 16 冊（精裝）台幣 38,000 元

當代臺灣布袋戲「主演」之研究（下）

劉信成 著

目次

上冊

自序

下　冊

圖目次

表目次

第五章　布袋戲主演的表演技藝與成就

布袋戲演出就是要看場上，而場上乃涉及聽覺與視覺兩大部分，故布袋戲的觀眾要看的、要聽的就那種「做戲的氣口」。而這種「氣口」（khùi-kháu）就是一種「口氣、語調」與「氣勢、作風與風格」。「口氣、語調」即是主演者的嘴上功夫，所營造出來的聽覺享受；而「氣勢、作風、風格」也是主演在場上所塑造出來的氣氛，是一種視覺上的氛圍。

因此，在聽覺上的享受就是在聽主演如何發揮在口白、五音上的「口技」、如何來「講」故事，加上後場音樂的搭配。而在視覺上就屬戲偶的雕刻、造型、操偶的技術，以及舞台布景的裝置，外加道具與特效的運用。或許這些視覺上的要素，不一定是全由主演個人來操作，但卻是取決於主演者所主控。然而主演者對於戲偶的演繹上，除了須表演生動的戲偶動作外，還得能表現出角色的個性與情緒。「臺北木偶劇團」主演黃僑偉曾講過這麼一段話：

> 若我只要講口白當然我的情緒能加進去的，那一定眞功夫，我還必須分兩種情緒，因爲我是兩隻手擎兩個不一樣的偶，講三人不一樣的口白，說不一樣情緒的東西。當然對我而言，我的精神必須要十分的專注在這戲裡面，不能有一點點分心，不然那個戲會感覺走味。〔註 1〕

同樣地，「輝五洲」的廖昆章也說：

〔註 1〕2013.12.03 於晚上捷運板橋府中站「爭鮮」定食店訪談黃僑偉記錄。

> 一個有專心在做戲的主演，那個尪仔就好像他本人，他講出來的就是本人，在講悲傷的就很悲傷，我常在做戲做到眼淚一直流。演布袋戲的就要有「雙重人格」了，這個是要靠經驗，學戲最要緊的就是要學那個「訣」（kuat）〔註 2〕。你現在在講悲傷的、又突然要講笑詼〔註 3〕的，你一定要講得出來，而且情緒要馬上換過來。這個就是要有學到「情迷」啦！這樣就自然有辦法了。若冇〔註 4〕，那戲就不好看、就不會逼眞；若學得有「情迷」那就逼眞。〔註 5〕

這意謂著主演者不僅是須專注地面對場上的不同角色，不斷地、立即地轉換著人物的情緒外，同時還得隨時指揮後場音樂人員、助手操偶，以及特效工作人員的配合。這些屬於演出場上的技巧都是有其竅門，需靠經驗與學習，方以熟練。「小西園」第四代主演邱文建〔註 6〕說：

> 我們在棚上有一個「潛規則」的東西，像我剛才講的比手勢，「坐台」壞人一定是坐這邊、好人一定是坐那邊，而主演就要去指揮尪仔要坐那一邊。這種東西是要老戲班才能看得到的東西。一般的劇團你很少看到這種東西，而且這種東西是有在做後場的團，才會重視這種東西。〔註 7〕

這說明主演不僅是指揮前場，亦掌控著後場的一舉一動。所以主演在一場演出中，所涉範圍甚廣，其擔負之責任相當繁雜與重大，不是僅當一個稱職的演員而已，其工作職能更勝過、也更多於一般劇場中所謂的「導演」一職。故在本章中以針對主演表演的技藝，及配合的技能來論述之，大致分爲「聲音的表達」、「操偶的技巧」、「音樂的搭配」與「布景特效的運用」四大部分，最後則再談前輩主演們的舞台成就。

〔註 2〕「訣」（kuat）即是竅門、方法之意。

〔註 3〕「笑詼」（tshiò-khue）表示詼諧好笑的事物；指笑科、戲謔，談話輕鬆有趣令人發笑。

〔註 4〕冇（mǎo），表示沒有的意思。「若冇」，指如果沒有。

〔註 5〕2013.11.21 下午於桃園青田街廖昆章租屋處訪談記錄。

〔註 6〕邱文建（1981 年生）父親邱水勝爲屏東「上興閣」團主。國小四年級即擔任父親助演，後拜屏東「祝安」陳正義爲師；陳正義師承許王爲「小西園」第三代弟子。近年常跟隨陳正義至「小西園」學習，多次參與「小西園」國內、外大小演出。2003 年在許王的鼓勵下，與學生兄長邱文科共創「上西園掌中劇團」。曾獲 2009 年「7-11 盃青年主演大車拼」、以及 2010 年「青年主演大車拼」優等獎。2012 年自己成立「小西園第四代掌中劇團」。

〔註 7〕2013.11.25 晚上於臺北士林文昌路許王自宅訪談邱文建記錄。

第一節　主演的口白技藝

布袋戲演出場上的聲音，除了後場音樂及特效的所發出的聲音外，只要是需藉由人的嘴所發出聲音，全都由「主演」一人所擔綱。它是一項「口頭性」（orality）很強的表演藝術，主演的口白如果節奏感掌握不好，五音分得不夠清晰，其他搭配部門的工作人員再強，可能也無法抓住觀眾的心。〔註 8〕「臺北木偶劇團」主演黃僑偉說：

> 我覺得一個「主演」要怎麼讓人欣賞你，第一，就是你的聲音，要有「聲緣」，你如果沒有聲緣的話，即便說得再好，也沒有人要理你。〔註 9〕

這已直接點出了，主演者吸引觀眾的第一步就是「聲緣」。所謂「聲緣」，顧名思義即意指主演的聲音得要「深得人緣」。當然，對於每一個人的音質、音色是各有天生上的差異，有的演師是「祖師爺賞飯吃」天生好嗓音，當然可以吸引觀眾青睞；但並非每位演師都有與生俱來的好音質，因此「口條」〔註 10〕的訓練就是首要條件。

圖 5-1.1

2013.06.01 黃俊雄於臺北國際會議中心「轟動演唱會」現場幕後口白（江武昌攝）

然而一位布袋戲「主演」學成的最後一道關卡就是「開口」，能開口、敢開口就可以出師了。就是因爲主演開口所要呈現的是一人多口白的各種聲音，這不僅是表達人物的對話與情緒而已，甚或還須擔任第三者報幕、旁白（narrate），此又得是另一種無表情的聲音詮釋，既要能連接劇情之需、又須能營造氣氛。茲筆者就引一整段黃俊雄的示範演出〔註 11〕來說明之：

〔註 8〕陳龍廷，《聽布袋戲——一個臺灣口頭文學研究》（高雄：春暉出版社，2008 年 1 月），頁 117。

〔註 9〕2013.12.03 於捷運板橋府中站「爭鮮」定食店訪談黃僑偉記錄。

〔註 10〕「口條」乃是口才之意，指說話的語法方式，即咬字清晰、談吐俐落。

〔註 11〕此段爲 2013 年 6 月 1 日 PM07：30 黃俊雄於臺北國際會議中心之「轟動演唱會」，啓幕時黃俊雄所唸的一段口白。

【史艷文背景音樂緩緩奏起，1 分 03 秒後】

旁　白：文武兼修，溫和謙讓，能謀善戰，忠勇孝義，明朝皇帝嘉靖君封賜爲雲州大俠史艷文。（停頓 3 秒）【史艷文出】
異形奇能，神秘莫測，超上武功，凶悍好殺，交趾戰帥之稱藏鏡人，兩人相約秋末在靈山天雷谷和平決鬥。這個消息傳播南境、西域，而轟動武林，驚動萬教，當時中原群俠之中，苦海女神龍、廣東花、海棠紅、紛紅色的腰帶、白雲衣、女醫生，命運青紅燈、江湖一閃光、風雨斷腸〔註 12〕人、冷霜子、醉彌勒、小金剛、劉三、二齒、怪老子等等，呼籲天下俠士到場相助，要除滅萬惡罪魁藏鏡人囉！（停頓 6 秒）
西南境域之邪道，異人、奇魔、魔中魔、魔外之魔、萬魔之魔等等，亦合力欲殲滅中原群俠，爲了藏家、史家、交國、明國十八年未了之恩怨情仇，爆出了許多正義英雄。豪邁女傑，會晤知已，相識知音，眞情流露而響出美麗心聲。（停頓 14 秒）【史艷文背景音樂轉強】

史艷文：回憶迷惘殺戮多，往事情仇待如何，絹寫黑詩無限恨，夙興夜寐枉徒勞。（停頓 1 秒）在下史艷文，眼見東北風雲起，艷文斷腸時呀～

藏鏡人：（OS 笑聲）哈，哈，哈～【藏鏡人出，換背景音樂，變強，節奏變快】臥虎藏龍今懦夫，鏡裡罪容化成無，人情冷暖難回首，嘆留多少傷心事。（停頓 1 秒）史艷文，你無失約。

史艷文：君子抱橋而死，安能失信而歸呢！

藏鏡人：氣魄好。

史艷文：藏鏡人，何謂和平決鬥嗎？

藏鏡人：聽者，你死，萬事皆休；我亡，既往不咎。

史艷文：哎呀，勸君同住愛和鄉，愛和萬派水〔註 13〕渺茫；和如爲貴天心在，何用金光鬥氣功。

〔註 12〕此處「腸」字不唸白話音 tn̂g，須唸文言音 tshiâng。
〔註 13〕此處「水」字不唸白話音 tsuí，須唸文言音 suí。

藏鏡人：哈～哈哈哈～這個所在是血腥腥的戰場，不是講經傳道之所，接我的飛瀑怒潮。

史艷文：等一下，唉！兩虎相爭必有一傷。

藏鏡人：一山難容二虎！提高警覺來啊！【二人對決，節奏更快】（停頓 14 秒）

【黑玫瑰音樂漸奏起】

旁　白：香香香，千里飄香〔註 14〕，西域道上出現一位正氣凜然的俠女。黑玫瑰【黑玫瑰出，歌】

隨著史艷文背景音樂的奏起，在啓幕的這段「旁白」，黃俊雄是以比較「中性」的口吻來敘述史艷文的個性。俟史艷文出場，語氣稍微轉強介紹藏鏡人性格，說明一正一邪後，即將約戰於「靈山天雷谷」決鬥，此報幕亦連帶介紹中原群俠與西南邪道之組合，亦輔助說明了群俠之心聲。這段旁白，黃俊雄乃以第三人稱的角度來鋪敘即將發生事情之原委，特別是這旁白的敘述並不代表某一人物，是一種有情緒卻無表情的來說明就要發生的畫面狀況。此敘述故事即是所謂的「敘事」，就類似「講古」或「講故事」以呈現事件（event）的方式，藉由黃俊雄的口白、咬字〔註 15〕與語氣，使語言產生動人的感覺，提昇觀眾的情緒，製造一種畫面感，也讓觀眾能很快的進入到故事的情境中；其亦是一種烘托即將出現人物的「強調」（emphasis）方式。因此，大略可以歸納「旁白」常用的幾個時機：一、輔助說明角色性格、情緒與動機；二、強調當下的氣氛與場景；三、描述正邪雙方發生衝突之起因與經過。

隨之，小生（史艷文）與淨角（藏鏡人）之間的對話，一柔和、一悍戾的聲音不斷地互爲轉換，來呈現出角色個性之不同，且從其音色、語調與情緒上就已賦予了人物的靈魂。此即爲主演在場上中所運用的「五音」詮釋人物角色，並涵蓋了以第三者角度來敘事說明情境，不論場上出現多少角色，主演都只能藉由不同的五音來給與它生命。因此布袋戲主演的口白沒有經過紮實的訓練是很難吸引人的，黃俊雄表示：

以前南部的布袋戲團非常講究五音，我的父親（黃海岱）經常說：布袋戲偶沒有面部表情，所以聲音的表現非常重要，必須訓練到能爲每一個角色配上不同個性的聲音，要讓看不見的人用聽的也能知

〔註 14〕此處的四個「香」字不唸白話音 phang，均唸文言音 hiang。

〔註 15〕「咬字」即指說話時的字音、聲調。

道劇情發展。〔註 16〕

所以「五音」即是主演者「開口」的重要元素；再翻閱目前各劇團對主演的簡介中，亦經常出現了某某主演「五音分明」、口白／咬字清晰等特色的文字介紹。然而何謂「五音」？又爲何是五音？而不是四音、六音、七音或多音呢？甚或還有「八音才子」之稱號〔註 17〕。此不僅是筆者深感不解，有關業者亦同樣會產生質疑的爭議。「小西園」許國良〔註 18〕（1957～2004 年）曾於 1999 年三月在雲林縣立文化中心所主辦的「國際偶戲學術研討會」中提出：

> ……五音分明與八音之別。從前謂五音分明，指的是五大行當，而所謂「八音才子」到底是指多出三個行當或多出三音？另外我們通常形容學富五車，而號稱十車者，是否即指五車之十倍？我們不能陷入「數大即是美」之迷惑。〔註 19〕

筆者亦趁訪談各演師的機會請教演師們此問題，所得的答案是，大部分對「五音」的解釋，就是指生、旦、淨、丑與公末五種角色的聲音。如此說法，若針對五大行當的聲音而稱之的話，那諸如「僮仔」（小孩）或老婆子、雜類、神怪之類的聲音又歸屬於何類？幾乎被問的演師皆無法回答此問題，甚至出現愈解釋是愈模糊之窘狀。誠如「小西園」許王的回答：

> 五音是指生、旦、淨、末、丑。僮仔算是雜音、婆子算是旦的音。旦是用細口〔註 20〕，但較老的就用粗的音。我們北部還是有分細口，老的與少年的是不同的。〔註 21〕

〔註 16〕詳見吳立萍、董逸華、蔡亞倫，《戲說人生》（臺北：慈濟傳播文化志業基金會，2006 年 6 月），頁 37。

〔註 17〕詳見吳明德所著《臺灣布袋戲表演藝術之美》一書中（頁 370）言道：「黃文擇不只可稱爲『八音才子』，以他現階段所能表現的口白音域，簡直可稱爲『聲音魔術師』。」（臺北：臺灣學生書局，2005 年 7 月）。

〔註 18〕許國良（1957～2004 年），國立中興大學法律系法學組畢業，許王之長子。「小西園」自 1983 年屢獲邀出國演出與展覽，並躍升爲世界性的藝術團隊，更在父親許王的指導下將布袋戲演出內容理論系統化整理，以提供研究、發展、薪傳與推廣等工作，這些都是出自許國良之手筆。1989 年成立「小西園木偶藝術工作室」，曾任「小西園」執行長。2004 年赴大陸泉州洽公時卻魂斷異鄉。

〔註 19〕詳閱〈開放的偶戲世界〉「討論記錄」，《1999 國際偶戲學術研討會論文集》，財團法人中華民俗藝術基金會編（雲林縣立文化中心，1999 年 6 月初版），頁 441。

〔註 20〕「細口」（iù-kháu）指似小嗓所發的假音，如旦角及僮仔（小孩子）的聲音。

〔註 21〕2013.11.25 下午於臺北市士林文昌路許王住處訪談許王記錄。

如此說法，那五音就不僅於五大行當之聲音，而且旦行也不只是一種「細口」的音。又「昇平五洲園」林宗男的答覆是：

> 五音是指生、旦、淨、末、丑啦！僮仔，我嘛不知道算是五音那一音？應該是比較屬於「細口」旦角的音吧？〔註22〕

「華洲園」林振森亦云：

> 五音是指生、旦、大花、丑、公末。囝仔聲是屬於細口的、生是比較靠下丹田。發聲的運用也有四、五種部位方式，像老旦是屬於旦行，雖然不是用細口，但她要用卡軟力。〔註23〕

「新天地」黃聰國的回應：

> 五音是指生、旦、淨、末、丑，再去分文、武。我還是認爲是「生旦淨末丑」這是仿京劇、歌仔戲一樣區分的比較明顯；但尫仔頭比較不好分辨，所以只能以聲音來辨識。一齣戲有這些角色要給觀眾了解的，就是一個人能夠分出這麼多的聲音，當然還有輕重緩急之分。像小孩屬於雜僮仔，不分在五音內，是較爲特殊的。其實，你現在全省要去訪問一個眞正能解釋五音的人，很難啦！無法給你一個很完整的答案。〔註24〕

這也表是布袋戲不止是「五音」而已，也有的是不在五大行當「五音」之內的聲音。而「小西園」第四代主演邱文建更解釋：

> 我們又不是學音樂的，那來的五音！其實最源頭布袋戲也沒有五音。他們五音都說是生、旦、淨、末、丑。「五音」的起源是從黃俊雄開始出來的，我接觸到雲林的一些劇團後才了解，很多雲林在地的他們早就被黃俊雄影響了，他們就是以黃俊雄的口白當標準，來影響別的演師。所以就是那時候黃俊雄把他的聲音分做太多種，他（指黃俊雄）才自己創造一種「我這個就是『五音』」。不然，最古早也沒有甚麼「五音」，就是黃俊雄出名了，他講的東西就可以當課本、當基準了。〔註25〕

〔註22〕2013.10.11 上午於雲林西螺林宗男自宅訪談記錄。

〔註23〕「囝仔聲」（gín-á-siann）即小孩子；「卡軟力」（khah-nńg-la̍t）指使用的力道比較小。2013.08.05 下午於臺北市延平北路四段「陳悅記祖宅」訪談林阿三記錄。

〔註24〕2013.06.02 下午於基隆復興路黃聰國自宅訪談記錄。

〔註25〕2013.11.25 晚上於臺北士林文昌路許王自宅訪談邱文建記錄。

這說法是稍嫌過於武斷些，「五音」的始作俑者是否起於黃俊雄？這是有待商榷的問題。於呂理政《布袋戲筆記》一書裡的「名師絕技」文中寫到：

> 成名頭手不但「尪仔架」要好，並且口白有「五音」之別（大花、老生、小生、小旦、小花各別不同的音質），聲音宏亮清晰，戲曲悠美。黃海岱具備了這些條件，於是聲名日盛，在中南台風靡一時，開創《五洲園》雄霸數十年的局面。〔註 26〕

這表示在黃俊雄的父親黃海岱時，就已重視口白的「五音」之美了；況且在前文已提及黃俊雄表示：「以前南部的布袋戲團非常講究五音，黃海岱經常說布袋戲偶聲音的表現非常重要，必須能爲每一個角色配上不同個性的聲音。」而黃俊雄所創造出來的也不限於只有五種聲音而已。當然，後來的許多演師在聲音的學習與訓練上都是以黃俊雄爲圭臬，這點是無庸置疑的。更何況自廣播布袋戲之起，這種單憑聲音來「聽」布袋戲，根本看不到戲偶的布袋戲，這就更重於五音之區分了。

綜合以上的說法，至少可以確定的是，所謂的「五音」並非只是固定的五大行當的五種聲音，亦絕不可能是指音樂上的五聲音階〔註 27〕，畢竟布袋戲的「五音」是指主演者所講（唸）口白的嘴上功夫，不是在音樂上的旋律或音階方面之「唱」功。因此，筆者假設認爲，或許「五音」是借用取之於《音韻學》上按照聲母所分的唇，舌，齒，牙，喉五類發音部位〔註 28〕。惟，此僅是依據一個字在口腔中開始發音部位之區分，其涉及的是聲母準確發音之問題，與主演者所唸的「咬字」技術上比較有關係。但是布袋戲演師所表現的口白所發出的聲音，卻不僅於唸字發音上的問題而已，其所牽涉的是各類不同人物講話的聲音。

因此，既然是從發音的部位來看的話，那就得從身體的發聲部位來探討。

〔註 26〕「尪仔架」（ang-á-kè）指擎偶的架勢，操偶的姿態。詳見呂理政，《布袋戲筆記》（臺北：臺灣風物雜誌社，1991 年 2 月），頁 68。

〔註 27〕「五聲音階」或稱「五聲調式」，乃源自商朝以前就有五個音的音名，是由按照純五度排列起來的五個音所構成。古代稱爲「宮、商、角、徵（zhǐ，ㄓˇ）、羽」，意即「黃鐘、太簇、姑洗、林鐘、南呂」五個音，是按五度相生的道理所產生的「五個正音」，相當於西洋音樂簡譜上「Do、Re、Mi、Sol、La」。不同的主音及音階排列，而產生五種調式分別爲「宮調式、商調式、角調式、徵調式、羽調式」。

〔註 28〕參閱董同龢，《漢語音韻學》（臺北：文史哲出版社，1977 年 9 月），頁 114～117。

人體是靠氣流震動聲帶而發出聲音，而氣流通過共鳴將音量擴大，更透過運氣使得聲音更臻完善。〔註 29〕易言之，人聲頻率的高低取決於聲帶的厚度、張力及肺氣壓。當肺氣壓上升，衝擊聲帶，造成聲帶三度空間的活動及聲門的閉合，成爲「素音」（phoneme），而素音經過了共鳴腔體，才能發出聲音，也就是素音要經過各種「格式化」（formant）以後才能發出各種不同的聲音。由於發聲的共振體是全身，所以身體各部分的腔穴可能都是共鳴器官，它的位置在聲帶上面，主要包括竇、鼻、咽、口、喉等腔體，再在聲帶下面的主要是胸腔。〔註 30〕然而支配發聲的動力就是由大腦產生的想像力去帶動聲音，運用了儲存在肺部、橫隔膜、腹部、胸部，以及大大小小的肌肉群中的氣息，配合共鳴的位置，而發出所要表達的聲音。〔註 31〕舉其例而言，「輝五洲」資深主演廖昆章言道：

> 囝仔與小旦會用「偏音」，這兩種是港音〔註 32〕叫做「偏音」，就是比較「細聲」〔註 33〕。細聲要用太陽穴這裡的力，細聲若說得多，這太陽穴會痛，鬢邊會嚇嚇叫（siak-siak-kiò）〔註 34〕。所以講「細口」一定要動到太陽穴的音，因爲都會動到丹田〔註 35〕、內喉和胸腔的部分這很重要。〔註 36〕

從廖昆章的這段描述，也說明了當運用假音在僮仔與旦角這兩種類似音同的

〔註 29〕參閱劉琢瑜，《怎樣唱好戲》（臺北：秀威資訊科技股份有限公司，2006 年 7 月），頁 19。

〔註 30〕「竇」或稱爲「腔」，即爲含有氣體的骨質空間，表面被黏膜覆蓋。在頭顱內有粗大血管形成的海綿竇、乙狀竇等靜脈竇。在骨骼發展出來的槍穴稱爲氣竇。在鼻子附近的腔穴要到 16 歲左右才發育完成，稱爲鼻竇或副鼻腔，其空間較大，爲主要的共鳴腔體。詳參閱洪振耀，〈共鳴器官〉，《語言與聽覺科學》（Speech and Hearing Science）http://www.ling.fju.edu.tw/hearing/articulation-top.htm（最後查核日期 2014.04.22）。

〔註 31〕參閱劉琢瑜，《怎樣唱好戲》（臺北：秀威資訊科技股份有限公司，2006 年 7 月），頁 69。

〔註 32〕「港音」（káng-im），指同音，一樣的音。

〔註 33〕「細聲」（iù-siann）即假音，聲音柔軟細嫩。

〔註 34〕「嚇嚇叫」（siak-siak-kiò），乃廖昆章形容太陽穴有陣痛不舒服的感覺，似耳鳴的聲音出現。

〔註 35〕「丹田」，通常大多指在人體臍下一寸半或三寸的地方。而在劉琢瑜《怎樣唱好戲》一書中（頁 27）引用了鶴翔樁氣功的原理介紹：「丹田分三種，上丹田（位於兩眉之中）、中丹田（位於兩肺之間）及下丹田（即肚臍眼三指之下）」。

〔註 36〕2013.11.21 下午於桃園青田街廖昆章租屋處訪談記錄。

發聲上，其大腦下了指令使喚，將集於丹田的氣息運至共鳴點就在太陽穴（左右兩邊的蝶竇）的位置而發聲。在此更要強調的是布袋戲主演運用嗓音的表演方式，畢竟還是與歌唱的聲樂甚至戲曲唱腔有所不同。

布袋戲主演所重者乃在於「講」而非「唱」，故對於發聲的運用技巧與訓練上是不能相提並論的。誠如在本論文第三章「由演師的從藝史看布袋戲主演之養成」曾幾度提到，有些演師為了鍛鍊嗓音而需喊到「破喉」的方法，其目的終歸還是為了要練到方便行使「五音」之運用。然而，在京劇演員的練聲方法中亦有「喊嗓」的過程，通過喊嗓來鍛鍊各個發聲部位，正確地發出各個韻母的本音。在學童尚未分科（分行）時，喊嗓的訓練都是一樣的，俟學童分行後即由各科的啓蒙老師針對本行所應掌握的嗓音進行教唸或教唱〔註37〕，更忌諱有其「破嗓」的狀況。這種喊嗓的目的還是為了以後「唱功」的基礎，重點是忠於一種行當的嗓音，不似布袋戲主演得服務於各種行當的聲音。

筆者針對於布袋戲主演的發聲技巧來對各主演進行訪談，基本上幾乎各主演是鮮少會特別注意自己的是用甚麼方式「發聲」出來。誠如「大台灣神五洲」資深主演陳坤臨表示：

> 我是自然變化的，就高低音、粗口和細口的、與沉的，這就有得講了。就看尫仔的個性、看戲齣尫仔大概到那裡，配合劇情下去走。〔註38〕

「中國太陽園」林大豐亦云：

> 口白是看劇情下去講，你說「五音」，上一輩的說有照這樣傳下來，但依照我在做戲，我認為也不只是這樣而已。不止五音啦！囝仔就要有囝仔氣（khuì）、小姐有小姐的氣，是不同的；小姐不可以拿囝仔的氣來講，囝仔一定要有囝仔的氣啊、說一些囝仔話，有的沒有

〔註37〕此段京劇演員喊嗓訓練，乃筆者就近訪談國光劇團同事侯春富（訪談時間2014.03.01下午於筆者臺北內湖租屋處）。侯春富（1959年生），畢業於國立臺灣藝術大學傳播學院應用媒體藝術研究所。從小即進入陸軍第一軍團司令部藝工大隊所屬之「大宛國劇隊」（於1964年設立的學生班），隨班學藝，主攻武丑。曾任聯勤明駝國劇隊演員，空軍大鵬國劇隊演員、箱管組組長，國光劇團助理技術指導兼箱管負責人。從事傳統戲曲藝術領域工作，專長於電視劇、傳統戲劇等盔帽服裝設計製作。現任國光劇團助理設計師，擔任演藝行政與電腦資訊工作。

〔註38〕2013.11.02上午於臺中南屯陳坤臨自宅訪談記錄。

的，而且音嘛攏冇港（im-mah-lóng-bô-kâng）。〔註 39〕

「新天地」黃聰國說道：

我是舉著尪仔，自己會去看著那角色講話，也沒辦法跟你講怎麼發音的問題。若講細膩一點，我攏〔註 40〕自己去揣摩，你要看你尪仔及當下的臨場反應，我攏會盡量去做。我做到自己要哭，表示這幕戲我做到了，我自己會有感覺。我記得以前廖英啓〔註 41〕他如果今天要錄的尪仔都要擺在他的前面，若沒那些尪仔不會講口白，他要錄音就是這樣。〔註 42〕

從以上幾段的訪談可知，主演們已習以爲常地得看著場上的戲偶並隨著劇情的走向，自然而然就會賦予角色該有的聲音。當然，針對筆者已談到此問題，黃聰國回想自己演出當下對於「五音」的應用，接著又詳加地解釋：

你說要怎麼去運用，其實一般而言都會用到丹田啦。除非「三花仔」就是本音，若說囝仔、小旦、大花啦這些都一定要丹田啦，尤其「老和尚」嘛是要啊；鼻聲的也有啊，像「秦假仙」一樣也都要。所有的氣發音都是從丹田出來，就視你如何去詮釋，經過口、鼻、喉等部位去轉化，去運用生旦淨末丑的聲音。像小旦也是假音，比較不用瞪（tènn）〔註 43〕；但囝仔就要瞪（tènn）囉！旦比較沒丹田，但囝仔就要丹田了（示範）。若同樣兩個囝仔不同的個性，就是用高低音去辨別（示範），小旦也是一樣，也是高低音。若三個囝仔，那就一個要用大舌頭（示範）。其實一樣的方式發音，只是要讓觀眾能去辨別；若再出一個性更硬的，那聲音就要更高亢，也可以相罵（示範）。其實大多有用到丹田啦，只是有沒有用到極致的問題。〔註 44〕

以上，從黃聰國的對於「五音」發聲的體驗中，說明了不論行當，任何角色的發聲必須都得藉由「丹田」來運氣〔註 45〕，再經過竇、鼻、咽、口、喉等

〔註 39〕「音嘛攏冇港」（im-mah-lóng-bô-kâng），即「音也都是不同」。2013.10.22 上午於臺中烏日訪問林大豐自宅訪談記錄。

〔註 40〕「攏」（lóng），都、皆、全的意思。

〔註 41〕廖英啓（1930～2012 年），詳閱本論文第三章第四節，註 212。

〔註 42〕2013.06.02 下午於基隆復興路黃聰國自宅訪談記錄。

〔註 43〕「瞪」（tènn），即指「瞪力」（tènn-la̍t），乃使勁、使力之意。

〔註 44〕2013.06.02 下午於基隆復興路黃聰國自宅訪談記錄。

〔註 45〕這一點「輝五洲」廖昆章亦持同樣說法：「大花用的『粗口』（tshoo-kháu）這

共鳴點去轉化成所要發出的音色。若屬同發聲部位者，而場上出現有兩個（或以上）的角色，則再用高、低音去做區別。經觀察及訪談中，大體而言「丑角」大多是主演者用自己本身平常講話的音色爲主。

當然，除了這些基本的概念外，由於每位主演天生的資質各異，各有各的修爲與技巧。因此所呈現的音質與音色就不盡相同。「華洲園」林振森表示：

> 練五音就是自己要主動去問師父、或觀察觀眾的反應能夠接受嗎？五音要分得明，咬嘴、咬舌要注意，講出去要收涎。所以有人講出去很清、很明，但若不知收涎就嘰嘰咕咕嘰嘰咕咕聽不清楚，當然那個音就不準確了。咬字要自己練、自己結聲（kik-siann）〔註46〕，譬如說囝仔聲，查某聲〔註47〕……等，五音有輕重，都要分明。區分控制都要靠下丹田腹肚內，譬如冷笑靠臉頰、三花靠鼻音、若是較大的先角、花面的又擱不同。〔註48〕

學習「五音」也是要注意很多細節的，包括了嘴形、舌頭位置、運氣與口水的控制等等，這也包含了咬字、輕重音，以及發出去聲音的音準等問題，處處都得注意到。這是得經過一番的揣摩與鍛鍊，累積經驗才能有所體會的。

即便是中南部曾出現一時的「女主演」，其生理構造更非同於男性主演。在生、旦、公末、丑的口白是只要在原有嗓音上加上變化、揣摩，就能八九不離十的學習出來，但是大花的粗嗓門，對於女性的柔甜細嗓門，便成爲技術突破的關口。但其選擇「五音分明」的，便要不計一切，在講另一性別口白時，高聲大言，幾近聲嘶力吼，即使演到聲帶嚴重受損的「破聲」也不忌諱，一而再的「破聲」後，自然能用沙啞的嗓音道出「大花」的口白，但同時也讓女演師在日常生活裏，喪失了女性語言的特質。女演師若無法突破五音與擎偶的限制，她戲劇發展便受到極大的限制，五音僅能略爲分明或僅是「細口」（iù-kháu）的女演師，她所能演的戲碼，便極爲有限，只能做些角色

是要吃這個丹田力，安ㄋㄟ（an-ne）發聲才會大聲，老生跟小生也是用丹田；基本上全部攏是用丹田啦。」（按：「攏」都之意；「安ㄋㄟ」即「這樣」的意思）。2013.11.21 下午於桃園青田街廖昆章租屋處訪談記錄。

〔註46〕「結聲」（kik-siann），指裝聲音。

〔註47〕查某聲（tsa-bóo-siann），意指女人的聲音，即旦角的聲音。「查某」（tsa-bóo）指女人。

〔註48〕2013.08.05 下午於臺北市延平北路四段「陳悦記祖宅」訪談林阿三記錄。

少，生旦丑多的三小戲；若要演傳統的三大戲，便僅侷限於能開「粗口」（tshoo-kháu）的少數女演師。〔註 49〕

綜合眾家所論，布袋戲主演的嘴上功夫用生、旦、淨、末、丑來代表所謂的「五音」是稍過於牽強些，主演的聲音變化絕對是不僅限於五大行當而已。若以發聲的技巧來歸類的話，最常見的大致可分為：

一、粗聲（tshoo-siann）：即粗口（tshoo-kháu），聲音低沉、渾厚、有力。泛用於一般較為粗獷、大剌剌的、或陰沈的大花（淨）角。

二、細聲（iù-siann）：即細口（iù-kháu），聲音柔軟、細嫩，似小嗓所發的假音。用於旦角及僮子（小孩）角色。

三、平常聲：即主演者平常講話的聲音與語調。用於一般小花仔（丑角）居多〔註 50〕。

四、自然聲：即主演較自然的發音，大多用於生行，如：小生、武生或老生、甚至於老旦……等。差別在於聲音的高亢或低沉、或用氣力道的行使，較平常聲有氣口（khùi-kháu）。

五、老人聲：即舌頭內縮下捲，表現沒有牙齒、講話會漏音的公末角色。如老和尚、怪老子之類的角色。

而「平常聲」與「自然聲」之不同處乃在於其中有部分發聲的共鳴點部位。但「自然音」卻得在裝上一些修飾音，即「結聲」（kik-siann），如增加一點力道、或高低音的變化、或上揚音、或上韻……等，使之更有「做戲的氣口」。當然其他還有一些在生理上有殘缺的人物，須用比較特殊聲音，如「凹鼻」（nah-phīnn）的角色，得用鼻聲（音）、或大舌頭的、口吃的……等，重點就在於主演者如何使用其發聲的共鳴位置來詮釋此人物。

大陸學者沈繼生於其〈試談木偶戲的藝術特色〉一中文談到：

> 掌中木偶表演上有個特點，它經常是一個演員的雙手同時操縱兩個偶人，而且是兩個身份不同、性格不同、思想感情各異、動作懸殊的人物。演員要塑造有聲有色的舞台形象，除了表演上動作性要強，同時很強調「聲情」——所謂「八聲七情」。八聲就是輕、重、緩、

〔註 49〕陳金次主持，西田社布袋戲基金會，《女頭手》（臺灣布袋戲女演師的研究與調查成果報告書），宜蘭：國立傳統藝術中心，1997 年 7 月，頁 59～61。

〔註 50〕誠如廖昆章所解釋：「小花仔就是嘴唇皮仔音，較沒有動到內喉的聲。」2013.11.21 下午於桃園青田街廖昆章租屋處訪談記錄。

> 急、吞、吐、浮、沈；七情就是喜、怒、憂、思、悲、恐、驚。要注重道白的性格化，要講究語言藝術，向有「千斤道白四兩曲」的行話。〔註51〕

這已經明顯的說明，布袋戲的主演用的不只是分生、旦、淨、末、丑五種行當的聲音而。必須視劇情的需要，將「八聲七情」恰如其分地表現出來；更進一步，則要講求「二十八音調」。這是生、旦、淨、丑四大行當爲基礎，從細到粗、從柔到濁，再將每一個行當細分成七個固定音調，以表現不同年齡、身分、性格的角色。〔註52〕

因此，主演的聲情並非是用所謂的「五音」就能概括的。但由於每一位主演天生的資質各異，也不是每一位主演都能很明確的分出所謂的「五音」。綜觀之，北部班的主演對於聲音的呈現方式，反而是比較不重在「五音」；易言之，是五音較沒那麼清晰可辨，其重點乃在於「口條上」表達人物的個性與情緒變化爲主。而對五音比較分明的確成了「洲派」體系下的主演之特色，其次是「閣派」，再其次就屬「世界派」了。即便是最擅長五音變化的「洲派」裡，也有較不擅於應用發聲技巧的五音，卻也能在口白上贏得肯定的主演。這全都看在主演者的嘴上功力，及其個人的努力所致。「大台員」的劉祥瑞曾談到：

> 黃俊卿頭腦眞好，擱有讀冊（ko-ū-thak̍-tsheh），他在戲園的記錄可說是一年365天做透透。黃俊卿他的咬字清，他在做跟別人不同，他的舌頭在轉很清，就是要常做；而黃俊雄的四聲如怪老子，他在轉是很快，像現在我有在錄音就可以聽得很清楚。〔註53〕

「諸羅山木偶劇團」吳萬成亦大略地分析了各演師對五音運用的成就：

> 黃俊雄到了電視時，把五音分得很漂亮，尤其囝仔聲與查某的聲音特別好；而黃俊卿就沒有了。黃俊雄進了電視特別講究這些五音，因爲電視台的經理要求，即便聲音很漂亮，但查某、囝仔、好人、

〔註51〕詳見陳瑞統編，《泉州木偶藝術》（廈門：鷺江出版社，1986年8月），頁141～142。

〔註52〕詳見吳立萍、董逸華、蔡亞倫，《戲說人生》（臺北：慈濟傳播文化志業基金會，2006年6月），頁37。及劉還月，《風華絕代掌中藝——臺灣的布袋戲》（臺北：臺原出版社，1990年8月），頁124。

〔註53〕「擱」（ko），又也。「擱有讀冊」（ko-ū-thak̍-tsheh），即又有讀書之意。2013.07.14下午員林劉祥瑞自宅訪談記錄。

壞人等任何角色都還是要由一個人講出來，所以他要進電視台前是下了很大的苦心與工夫。跟隨著黃俊雄電視台出來的人，五音攏眞好。像廖昆章是進電視台前就出師整團出來演了，他丹田眞有力，口白一句一句段落分明、有力道，注重角色的「氣口」要有出來。而廖文和比較算晚期了，所以五音就更清楚了，雖然他聲音沒有黃俊雄的好。〔註 54〕

布袋戲之所以能引人入勝，主要就在於主演者能善用其聲音變化，藉由口中的聲情賦予了戲偶生命力，「說」出場場好故事。其吸引觀眾的首要關鍵莫過於主演的聲音，觀眾「聽戲」的成份乃重於「看戲」。

誠如資深主演廖昆章於 60 年代在高雄的戲園演出時，前來看戲的觀眾除了各行各業人士外，甚至還有盲人老伯伯是天天到場報到，只要廖昆章至該地演出，每場盲人老伯伯是從不缺席。不由得引起廖昆章的注意，主動向前詢問。老伯伯回應雖眼睛看不見，但可以來「聽戲」，更強調「別人在做我聽不懂，若廖昆章在做我聽得懂啦！他講出來的口白分得很眞，我不用看、我只要聽，我就知道。」感動了廖昆章、也激勵了廖昆章，後來只要此盲人伯伯來看戲，廖昆章均算他半價。〔註 55〕這也說明了，主演所講的口白之重要性，足以吸引觀眾、感動觀眾。

當然，一位優秀的主演不僅只是「五音分明」即可，口白所應用的五音是主演在演出上的技術問題，而在五音內所唸（講）的對白還得要「咬字」清晰，讓觀眾能聽得清楚主演所講的每一句、每一字。筆者常會聽到有某些主演對於所唸的詞是不求甚解？抑是口齒不清？舉其例而言，如：「步罡踏斗」（bù gāng tà dòu）會唸成「普光踏斗」（phóo kng tà dòu）。最常犯的就是「走投無路」（tsáu tâu bô lōo）而唸做「走頭無路」（tsáu thâu bô lōo）……等，差一音其意遠矣！這都是一般主演在口白上常會疏忽的一環。聆賞一場布袋戲的演出，就如同「聽」了一場主演者全能的「口技」表演，可說是主演的嘴上功夫掌握了全場，雖然重點在於口白上的聲音表現，甚或若遇到特效（音效）來不及者，臨場反應好的主演亦會用口技的方式迅速補上。難怪，要當上主演之終極關卡就是「開口」這一道門了。

〔註 54〕「攏眞好」，都很好。2011.03.15 下午於臺北三重「上格大飯店」707 號房訪談吳萬成記錄。

〔註 55〕語出廖昆章敘述。2013.11.21 下午於桃園青田街廖昆章租屋處訪談記錄。

第二節　主演的操偶技藝

「戲偶」的臺語俗稱「尪仔」（ang-á）。操偶或是擎偶，一般人稱操演戲偶為「弄尪仔」（lāng-ang-á）；演師慣稱是「請尪仔」（tshiánn-ang-á）以示對戲偶的尊重，具有民間信仰的意涵，也是中國人傳統敬業精神的表現。〔註56〕而通常在「主演」的學藝過程中，除了在操偶技藝、技巧上的基功外，在實務上幾乎大多數是從二手（助演）做起〔註57〕；誠如前文所述，也有些主演是從放（配）樂師起家，但畢竟這都算是少數者。基本上，在「請尪仔」之前，通常都得先了解、學會「扮尪仔」（pān-ang-á），也就是說把即將演出之戲齣所需的尪仔（人物），能清楚地分辨各角色正確的穿戴〔註58〕。進而從跟隨主演（師父）的演出中，學習實踐擎偶之技巧，即所謂的「尪仔步」（ang-á-pōo）。對於學尪仔步前，演師又得先能認清、熟記每一個人物的個性與背景，以操作出符合的身份、地位。所以，「請尪仔」亦可說是布袋戲演師走向主演之路的期中考，最後的期末考（或畢業考）就屬「開口」一關了。簡言之，要學到開口就得先學會請尪仔。

在傳統的戲偶中，學習操作戲偶亦有其基本步驟。例如：開步、跑步、整理冠帶、斟酒、舉杯、搖扇、用筆、開闔傘等文戲動作；還有跑馬射箭、空打、對打、舞大刀、打籐牌、翻身、跳窗仔（thiàu-thang-á）〔註59〕等武戲動作，表演各種角色有各不相同的動作。〔註60〕這些表演動作的基礎下，其大多是以模仿戲曲的眞人動作、或民俗上的武術動作，進行「內化」（internalized）後而形成的一套布袋戲獨特的表演規範，皆必須藉由演師的雙手操弄，賦予它靈魂與生命，使其栩栩如生。要達到這樣的成果，當然必須

〔註56〕呂理政，《布袋戲筆記》（臺北：臺灣風物雜誌社，1991年2月），頁66。

〔註57〕有些新進的學徒在未當二手摸到戲偶之前，就得先從電光手（即做特效）做起。

〔註58〕再更細部些，譬如「岳飛」一角，未出征時在裡面就要穿文衣，要扮的斯文；點將時則著戰甲頭盔，不能拿頭槍；出戰時，手上的刀槍都插妥……等細節。戲偶的身份、情境，這些都是當二手者必須先認清、備妥的。（參閱本論文第三章「由演師的從藝史看布袋戲主演之養成」）。

〔註59〕跳窗仔（thiàu-thang-á）即傳統的「彩樓」戲台，將置於彩樓橫楣上有五個採光口，兩邊較小的採光口比較少用，最常用的是其中三個較大的採光口，形似窗户故稱之「三公窗」。可以表示高出地面的地方，例如高樓、圍牆……等，故「跳窗仔」，就是表示武功高強的人飛身跳上高出地面甚多的地方。

〔註60〕詳見呂理政，《布袋戲筆記》（臺北：臺灣風物雜誌社，1991年2月），頁67。

下一番苦工努力琢磨，非有一段長時間的訓練難以達成。〔註 61〕

特別是在北管布袋戲興盛時期，許多最著名的武戲動作是「跑馬」、「打虎」、「打藤牌」和「跳窗仔」，尤其是跳窗仔常常讓台下的觀眾嘆為觀止。當後場的鑼鼓點密如雨下，表示前場的兩軍正殺得「天地昏茫茫，日月暗無光」，兩尊尫仔一前一後宛如旱地拔蔥躍起，不偏不倚地跳入彩樓上的「三公窗」，隨即又回到臺前繼續追趕廝殺，這些動作必須一氣呵成，分毫不差，觀眾看了才過癮。而在這些戲偶的操作上看似敏捷、簡單，其實演師是得下功夫苦練的必備基本功。演師平日一定要眼觀四方，耳聽八方，任何一尊尫仔只要一上臺就要很自然地表現屬於自己的風格，帝王有帝王的威嚴、文生有文生的儒雅、旦角有旦角的妖嬌美麗、笑生有笑生的紈絝放蕩、文奸有文奸的工於心計等。重點就是演師須將戲偶操作得看起來有氣勢、有形象、甚至感覺有表情。這些除了是平常師父所教的基本動作之外，其實都得全靠演師們自己勤加揣摩，才能讓布袋戲尫仔有其活靈活現的生命。〔註 62〕

然而學會「請尫仔」就是演師們上台演出的基礎，就得從基本功訓練起，也因各家技法之不同，或許在訓練的過程中，步驟皆各有所異。誠如在本論文第三章第一節中曾提到「中國太陽園」的林大豐在當學徒時是從「二步半」〔註 63〕學起；而「振樂天」的王振聲在訓練「春秋閣」的女主演何雪花也是從「二步半」開始，但兩者在操作上卻又有些許的的差異。

再舉最基本的「擎」戲偶為例，其視覺上就是要讓觀眾看到戲偶是挺的、是正的，尫仔頭不能歪（斜）一邊。原則上演師是一手操作一尊戲偶，故一位演師可同時操作二尊戲偶（一手一尊偶），以食指穿入支撐偶頭，拇指操作戲偶一隻手，餘三指則操弄戲偶的另一隻手。但由於人體手掌的結構，食指的方向是與另三指較為同邊，因此為了不使戲偶頭部看起來有「歪頭」之狀，故平常戲偶動作少時，拇指是不會一直停於戲偶的手部，俟需操動戲偶手部動作時，方予速穿進操控之；拇指大多是應壓（按）住偶頭頸部之內沿緊貼食指方向（手掌虎口呈閉合狀），以使偶頭能直挺，同時亦可掌控到戲偶頭部的細微動作。如：可讓觀眾看到戲偶點頭、轉頭、或肩膀的細微動作……等，

〔註 61〕參閱邱一峰，〈試論偶戲的藝術特性〉，《2004 雲林國際偶戲節學術研討會論文集——臺灣偶戲藝術》（雲林：雲林縣政府，2004 年 12 月），頁 35。

〔註 62〕曾郁雯撰錄、李天祿口述，《戲夢人生——李天祿回憶錄》（臺北：遠流出版事業公司，1991 年 9 月 1 日），頁 140。

〔註 63〕詳見本論文第三章「由演師的從藝史看布袋戲主演之養成」，註 34。

且掌背是需隨時注意打平（即用力撐平），方不致使戲偶看起來有駝背之狀，這些都是操作戲偶的基本功之一〔註 64〕。因此，當戲偶的頭部越大時，手指所承受的重力就越吃重；同理可知，金光布袋戲的戲偶頭部就更大、更重了。而這種撐尪仔的基本功技巧，若換到「眞快樂」的主演許加財這邊的話，可又是不同的方式了。當然，重點還是爲了尪仔頭不能歪、尪仔須是挺直爲目的。許加財認眞地說明並示範著：

> 每尊尪仔都會歪一邊，所以你那食指一定要往中間挺，這就是一點訣而已；第二點，就是你在動作的時候，不是在動手，是動手腕就好。〔註 65〕

即江賜美教導許加財的是食指須盡量往拇指的方向撐（靠），以使得尪仔頭看起來是正的，並非是藉助姆指來固定尪仔頭；且尪仔的動作是藉由動手腕之力而非動到手指。而這種食指盡量撐向反向的拇指、及掌背得用力撐平等基本功，就是演師們平日得練、得耗的基本功。這就如同人戲練基本功的「耗山膀」〔註 66〕一樣，剛開始甚至手指也會抽筋的。

除了擎偶的方法與訓練技巧是因各家而有所不同之外，其對於操偶的學習過程與步驟也是各有各的一套方式與看法。因此，操演戲偶各派技法甚至各人都有不同，但傳統老師傅都還是謹守老規矩，坐有坐相，連小生的腳色都有一定成規才能顯得端莊文雅，淨腳有他的步法以顯現武將的豪邁，丑腳又是另一種任性的形象。早期演來若有失規矩必遭觀眾訕笑。〔註 67〕

其實民間戲班中對於操偶的訓練並無一定的程序，如上述的基本功是演師們自己得多練的功課，至於其他的操偶技巧大多數是演師們藉由日常跟戲學戲的過程中，看到那裡就學到那裡，都是憑著演師們自己努力的揣摩、體驗中所獲得的成果。只有少數有計畫性的師父在授藝上才會安排自己的訓練

〔註 64〕此爲 1997 年筆者擔任「小西園」辦理「臺灣古典布袋戲藝術人才培訓計畫」之專任助理時，現場所見許王教授前場藝生操偶的基本功課程。

〔註 65〕2013.12.13 上午於新北市新莊「眞快樂木偶工作室」訪談柯加財記錄；亦可參閱江賜美口述、林明德、吳明德撰之《戲海女神龍——眞快樂‧江賜美》一書，（新北市：新北市政府文化局，2011 年 3 月），頁 117～118。內附有柯世宏示範的操偶掌技基本功圖例。

〔註 66〕「耗山膀」（俗稱耗大字），主要是訓練演員的工架，臂的控制能力和手臂穩定耐力。通過「耗」來加強持久的耐力。而布袋戲演師雖非「耗山膀」，但也是藉有「耗」來訓練手指頭及手腕的穩定耐力。

〔註 67〕陳正之，《掌中功名——臺灣的傳統偶戲》（臺中：臺灣省政府新聞處，1991 年 6 月），頁 210。

步驟。因此，有些會先從尪仔的走路、跑步，或一些較爲靜態的動作開始學起，再來學習武打（武戲）〔註68〕；有些就會先從武打先學習。諸如：「臺北木偶劇團」的主演黃僑偉從在學校，以至在「亦宛然」當藝生的學習過程中，陳錫煌與李傳燦兄弟所規劃的訓練課程是在基本功學會了之後，再從武打的部分開始訓練，最後才是各行當的「走路」技巧（參見本論文第三章第一節）。這些都是因個人不同的認知而定訂的程序步驟。

當然也會因演師們個人的修爲與對於美學的觀感而有所差異性。自我要求的演師會隨時注意自己操偶的美感，並隨時做修正，甚至再創發新的、或更高難度的操作技法，來突顯出自己演出上的特色。演師一拿到尪仔時，心中就早已熟諳這個尪仔角色的性格，當戲偶一出場，自己就要知道擎得正不正、尪仔在走的腳步是不是有力，不同性格的角色走路的姿態都會有所不同。故在角色未開口前觀眾首先看到的就是尪仔的走路與動作，所以從尪的動作中就得讓觀眾大概先了解此角色的個性。至於「武戲」當中大多是不用講口白的，所以在武打中亦得「武中有戲」，要使觀眾看得清楚，那一個是攻、那一個要守。攻與守的打法又不一樣，攻者必較爲激進、守者則較爲忍讓，兩者是要清楚的區分，這些尪仔步都須演師們自己去體會。〔註69〕「大台灣神五洲」的陳坤德曾說：「我老爸（陳秋火）曾講，尪仔舉出去時頭是轉三七分，絕對是要前七後三的角度，這才是標準的。」〔註70〕此也說明了，陳秋火在請尪仔出台的同時，自覺性高也注意到戲偶與觀眾視野的角度問題，隨時地調整戲偶面向的角度。「臺北木偶劇團」主演黃僑偉亦提到：

> 以前「玉泉閣」黃秋藤他們的武打都很好、都很漂亮，但是太固定那些招數。其實我們阿煌老師與阿宗老師都很愛看以前的武俠片，因爲動作都很慢，就會有一些進攻、防守的觀念，很適合布袋戲的動作。然後他會去了解一些動作再做設計，就是這幾年煌師有在進步的地方。〔註71〕

〔註68〕布袋戲的武打（武戲）可分空拳（徒手）及持兵器兩大部分。有空拳對空拳、空拳對兵器。空拳打出去要有力道，招架者得須架得到。而持兵器的武打又有：有單對單、單對雙、長對短、長對長……等。對打時尪仔不能粘在一起，否則觀眾看不清楚尪仔的武打動作。出自廖昆章示範及說明。2013.11.21 下午於桃園青田街廖昆章租屋處訪談記錄。

〔註69〕本段語出廖昆章。2013.11.21 下午於桃園青田街廖昆章租屋處訪談記錄。

〔註70〕2013.11.23 下午於臺中南屯「神龍五洲園」顏永福自宅訪陳坤德記錄。

〔註71〕阿煌老師乃指陳錫煌、阿宗老師係指李傳燦。2013.12.03 晚上於捷運板橋府中

這也意謂著，「尪仔步」並非是僵化的固定幾招的程式，它隨時可以再被創新的，就看演師個人的內涵與功力了。

有些基本固有的「尪仔步」也是有其美學上的藝術價值，這些可說都是演師的基礎，其細節還是不容被忽視的。「新天地」主演黃聰國談到舉尪仔「走路」時得注意：

> 舉尪仔「走台」時，演師的目睭（ba̍k-tsiu）〔註 72〕要看著尪仔，人要對尪仔行（tuè-ang-á-kiânn）〔註 73〕，不能尪仔行頭前（kiânn-thâu-tsîng）〔註 74〕，人卻行在尪仔的後面；不能尪仔一直闥出去（tū-tshut-khì）而已〔註 75〕，人卻在尪仔後面，安ㄋㄟ（an-ne）〔註 76〕手曲（tshiú-khiau）〔註 77〕就會弓到（king-tio̍h）〔註 78〕尪仔衫，觀眾在台下看到的尪仔會趨趨（tshū-tshū）〔註 79〕，很難看。尤其是大顆ㄟ的電視尪仔衫擱卡長（koh-kha̍h-tn̂g）。〔註 80〕

「輝五洲」資深主演廖昆章亦表示：

> 譬如說「金殿」那些大臣若要下去，可以走倒退，這代表背部不敢給皇帝看，以示尊重。一般平常像劍俠戲、古路，舉尪仔要下台就這樣下來，那又不是金殿，走倒退金殿才能這樣、皇帝才能這樣。其他者若要下台尪仔一定要翻身才下台，這些都是專家才會知道。出將入相尪仔的出入等等，尪仔的「楣角」（mê-kak）專家才會知道。像要坐椅子，尪仔看一下，這就叫作「楣角」，但這是泉州的，漳州的比較沒講究這些。〔註 81〕

站「爭鮮」定食店訪談黃僑偉記錄。

〔註 72〕「目睭」（ba̍k-tsiu），指眼睛。

〔註 73〕「對尪仔行」（tuè-ang-á-kiânn），意思是說人要跟著戲偶前進（走）。

〔註 74〕「行頭前」（kiânn-thâu-tsîng），即指走在前面。

〔註 75〕「闥出去」（tū-tshut-khì），意指「推出去」。意思是說只是將戲偶一直往前推而已。

〔註 76〕「安ㄋㄟ」（an-ne），這樣。

〔註 77〕「手曲」（tshiú-khiau），指手臂位置。

〔註 78〕「弓到」（king-tio̍h），意指撐到。「弓」（king）即撐也。「尪仔衫」，指戲偶所穿的衣服。

〔註 79〕「趨趨」（tshū-tshū），指斜斜的、向前傾。

〔註 80〕「擱卡長」（koh-kha̍h-tn̂g），又比較長。2013.10.05 下午於基隆文化中心訪談黃聰國記錄。

〔註 81〕「楣角」（mê-kak）意指竅門。「翻身」即轉身。2013.11.21 下午於桃園青田街

場上的操偶的確是有很多細節值得注意，並非只是把尪仔擎穩了就可以的，包括每一個小動作都有其規矩，包括連戲偶手中的小道具，如舉扇、搖扇的動作，小生就得斯文且扇不過眉，不似丑角可活潑、詼諧，甚用扇抓頭……等動作。此正是布袋戲可以做到精緻、細微之處，而這些楣楣角角都是操偶的演師常會忽略的小細節。

當演師晉升爲「二手」（助演）時，其在演出時的注意力就得隨時地專注於主演口白的劇情發展上。至於前文所述的那些操偶技巧已都是二手們早應熟稔的動作，故得做到「耳聽口白、眼觀戲偶」。全神貫注於主演身上，與主演者有默契的配合。在主演口白、劇情未到時，二手就已備妥接下來的動作了。「小西園」資深後場藝師邱燈煌曾說：

> 當主演的二手就要很行才可以，主演才可以起來，若主演還要顧口白、也要顧擎偶，而二手又很軟的話，主演就做軟了。二手知道頭手要幹嘛、起落尪仔知道，二手可以影響到頭手的戲齣。〔註82〕

「臺北木偶劇團」主演黃僑偉亦提到：

> 李傳燦老師是沒有接主演，一直都在幕後，但是他當二手是一個非常好的二手。你若有他在當二手的話，你請尪仔非常方便，他都知道你待會兒想幹嘛，你要甚麼尪仔他就幫您準備妥了、或是甚麼器具……等，所以都不用慌。他當二手的時候，你這個主演可以放一百二十個心。一個主演若往下都很順遂，那就會有更多的時間去想其他的事情，所以說助手也很重要。〔註83〕

故此，主演者演出能順暢進行，又無後顧之憂，其得力的二手是功不可沒。這又如同在本論文第三章中曾描述過，「當主演的口白講不夠的部分就打武戲來抵」〔註84〕、而「新天地」的主演黃聰國也談到其經驗，「口白講到不會講時就開打，利用開打時想看看接下來該講些甚麼」〔註85〕。而這武戲的「開打」工作就是由二手上場來擔綱，以讓主演能有喘息、喝口茶的思考緩衝時間。

廖昆章租屋處訪談記錄。

〔註82〕「起落尪仔」指戲偶的進出場。2013.09.01下午於臺北歸綏戲曲公園訪談邱燈煌記錄。

〔註83〕2013.12.03晚上於捷運板橋府中站「爭鮮」定食店訪談黃僑偉記錄。

〔註84〕2013.11.02晚上於臺中南屯區萬和宮訪談蕭寶堂記錄。

〔註85〕2013.10.08下午於基隆復興路黃聰國自宅訪談記錄。

由此可見，二手於演出上對主演者的重要性，二手不僅是協助「請尪仔」而已，又得要具備好的臨場反應能力，配合主演做臨時狀況的處理，畢竟布袋戲主演在場上的「即興」（improvisation）成分居多。「小西園第四代」主演邱文建敘述主演與二手之默契與關鍵性：

> 當二手在請尪仔時，主演也是要適時指揮二手。二手本身也要對音樂很敏感，比如【風入松】二手請尪仔在「走台」，主演手在「走馬板」〔註 86〕中間比一下，就是意指這個尪仔屆時要停在這個地方開始講口白。所以這個二手就要自己去抓到那節奏的點，與後場音樂剛好停在主演所要的點。不然主演突然跟你比到那裡，後場【風入松】不能臨時切掉，無法剛好停在主演比的點，那二手請尪仔就要再走一台。主演跟二手指這樣，表示待會兒這尪仔要站在這裡講話，並不是要二手馬上停在那點，也是停音樂結束你才能站在那裡，所以這就是棚上的楣角。這種東西若沒有在棚上遇到、或在棚上看過，你絕對無法去想的。〔註 87〕

這說明了二手（助演）在場上須隨時留神主演當下所賦予的指令，做臨場應變；也意謂著演師除了得熟稔操偶的技巧外，也須諳習後場的音樂，甚至全場演出的節奏。

其實，在場上若有其音樂（不論是文武場伴奏或是後場配樂）的話，其戲偶的動作就須依其音樂節奏的點來操作。「眞快樂」主演柯加財強調：

> 我常在說這齣戲要唱曲，不是爲唱曲而唱曲，要去注意唱曲的意思，尪仔的身段，不是尪仔站在那裡等到唱曲唱完，這樣一點意思也沒有。因爲尪仔發揮空間不大，要在小框框裡面，唱兩三分鐘的曲這尪仔要多少動作！今天我們唱曲是甚麼意義的曲，甚麼身段都要出來。〔註 88〕

布袋戲與人戲最大差別就在於此，尪仔不能像眞人一樣有豐富的面部表情，及細膩的肢體身段，在操作上是有其難度。故在唱曲的這段時間裡，演師們就得爲戲偶去想、去設計許多動作，以塡補唱曲時間的畫面。因此演師這「擎弄戲偶展手藝」的功能就得適時的發揮出來。

〔註 86〕「走馬板」戲偶演出的平台，如同戲偶活動的地平面，演出時擎偶高度的基準，不得過高或過低，以免曝光。

〔註 87〕2013.11.25 晚上於臺北士林文昌路許王自宅訪談邱文建記錄。

〔註 88〕2013.12.13 上午於新北市新莊「眞快樂木偶工作室」訪談柯加財記錄。

基本上，在演出時二手（助演）所協助擎的尪仔大多為次要角色，除非是武打時才由主演手中接過。而主要角色大多由主演親自操作，主演在口白、情緒才比較容易進入角色。在訪談的各主演中，大多數的主演表示，其講口白時得要眼睛看著尪仔才能講得出口白。「中國太陽園」資深主演林大豐更這麼說：

> 我的主角尪無論是金光戲，我一定把它裝扮到很好看很漂亮，這是讓我自己看的。看得很爽，講話就比較講的出來。〔註 89〕

由主演親自操偶，的確是可直接針對於手上的尪仔來表達出角色的情緒，若是角色在助演的手上，口白經由助演聽到後，再傳達到手中的尪仔做動作，當然就會稍微遲鈍個一、兩秒。

然而，主演一面想口白、講口白，又得一面操作手上的角色，其注意力大多在於表現五音口白時就難免就會顧此失彼，有時也會忽略了手上戲偶的準確度。舉其實例，「小西園」許王的得意弟子，洪啓文（1964 年生）〔註 90〕其已跟隨許王二十多年，長久以來只要是許王主演的場合，洪啓文必是不可或缺的助演大將，在這樣沉浸多年、耳濡目染的環境下，不論在操偶技藝上，甚至連細微的動作都能表現的唯妙唯肖，在目前傳統布袋戲圈內的中生代演師亦堪稱傑出。惟，筆者於 2010 年為國立傳統藝術中心所派，至臺北歸綏戲曲公園訪視其演出，卻發現其操偶的技巧亦不如往昔之細膩。〔註 91〕「眞快樂」許加財亦表示其看法：

> 戲要常做，才不會退步。洪啓文以前一直跟著許王當二手，擎偶的機會多，可專注於擎偶，加上許王戲路多。現在自己當主演，一面擎偶、還要一面注意自己的口白，兩面兼顧，也會有所分心，操偶難免會差一點；加上年紀也漸長，故而也會有所退步。〔註 92〕

此問題也是近年來一直被討論的問題，到底主演者需不需要自己親自操偶呢？有學者、專家極力認為，主演必須同時具有口白及操偶的能力。甚至於

〔註 89〕2013.10.22 下午於南投「金聖宮」訪談林大豐記錄。

〔註 90〕洪啓文（1964 年生），嘉義市人，父親洪國禎師承「世界派」始祖陳俊然，並組「全世界掌中劇團」。洪啓文 15 歲起即開始學習掌中戲技藝，17 歲正式負責父親的分團主演。1987 年北上拜「小西園」許王為師，為許王眾徒弟中，跟隨最久、所得「眞傳」最多者。1998 年自組「全西園掌中劇團」。

〔註 91〕詳參閱劉信成，〈望嘆代代師傳，怎奈殆殆失傳乎！〉，《傳藝雙月刊》第 91 期（宜蘭：國立傳統藝術總處籌備處，2010 年 12 月），頁 78～79。

〔註 92〕2013.12.13 上午於新北市新莊「眞快樂木偶工作室」訪談柯加財記錄。

「7-ELEVEN 盃——布袋戲青年主演大車拼」的活動中，其活動簡章的相關配合事項中規定「主演須現場親自口白，不得使用錄音對嘴；且主演須親自操偶指定角色，該角色必須爲劇中重要角色，請於報名資料中註明角色名稱」〔註 93〕。其實，若以傳統形式演出的主演是固定站於左方，也就是擎偶幾乎的都是左手尪仔較多，助演乃站其右側的「出將」處，故尪仔就由助演擎之。惟，若是布景形式（含金光形式的演出）的操作上，就得慎重考量主演一定得親自操偶的問題了？特別是自黃俊雄改良布袋戲尪仔的構造後，不僅是戲偶尺寸加大，且其表情更爲豐富多樣、內部構造技術更加複雜、造型比例更趨於人形。演師的手指已不能直接穿入操控戲偶的手部，故每尊戲偶的左手必固定加裝一支「天地通」〔註 94〕，形成演師一人只能操作一尊戲偶，其所需的助演者就得要更多人；而且操偶的活動區域範圍得需更大，主演者若再穿梭其間，亦可能影響到其他助演的操作空間。也因此現在有很多主演們甚至已打破「賣聲賣藝不賣影」的習性，直接站於台前面對觀眾講起口白，將後台空間全部讓給了助手們。高雄「新世界」主演王泰郎表示：

> 現在的大棚布袋戲，尤其像我做這種電視尪仔的攏是安ㄋㄟ（lóng-sī-an-ne）〔註 95〕，一定要人員多。以前做布袋戲一個主演、一個下手就不錯了、還有一個放樂的，三個人就做得鉼拼叫（pìn-piànn-kiò）〔註 96〕；但現在這種電視尪仔，下手若沒六個以上是眞歹做（tsin-pháinn-tsò）〔註 97〕。第一點，你的台仔空（tâi-á-khang）大空〔註 98〕，

〔註 93〕參閱 2007「7-ELEVEn 盃——布袋戲青年主演大車拼」活動辦法。

〔註 94〕「天地通」或稱之「天下通」或「萬能通」，結構似「杖頭傀儡」的操作原理，只是「杖頭傀儡」的桿子大多清楚地顯露其外。而「天地通」僅加於戲偶的左手爲之，並隱藏於戲偶的袖子與衣服下半部之間，故這類戲偶的左手必定比右手靈活，且可表現的動作亦較廣、較多，因此又被稱爲「活手」，此亦可說是將這枝「通」發揮到最大的功能。此概念是源自於傳統戲偶，若需表現靈活細微的手部動作時，則於手部內插一枝「直通」或「彎通」，演師就只能操作一尊而已，因爲其另一隻手將輔助來操弄這枝「通」，如：搖扇、執筆、舉杯、撥髮、或擺動手絹……等動作。

〔註 95〕「攏是安ㄋㄟ」（lóng-sī-an-ne），都是這樣。

〔註 96〕「鉼拼叫」（pìn-piànn-kiò），乃形容非常熱鬧、非常火熱，很響亮、很豐富之意。

〔註 97〕「眞歹做」（tsin-pháinn-tsò），很難做。

〔註 98〕「台仔空大空」，即指舞台的前框開得比較大；表示舞台的畫面比較大、比較廣之意。「台仔空」（tâi-á-khang），是指舞台景片的前框。「大空」（tuā-khang）指開口大。

這一邊跑到那一邊，你若沒空台，你下手才有辦法做滿；這個下去、那個出來，這樣才能接得順。我先分配好那一個手下舉那一個尪仔，這樣才不會開天窗那麼難看。不然，你用那麼大空、尪仔又舉不滿，變成會慢半拍時，觀眾在看就卡輸小空的（khah-su-sè-khang-e）〔註 99〕。這群下手嘛是〔註 100〕有一個帶頭的，這大部分都是我弟弟在發落比較多，因爲我跟我弟做配合很久默契攏知道了，他會去負責這些工作。若他有來不及時，我再下去跟他講，這攏是有個默契，團隊裡一定要有個配合，不然雄雄（hiông-hiông）〔註 101〕要做啥？他怎會知道我要做啥！所以你如果沒有固定下手的話，其實做起來都會常凸椎（tu̍t-tsê）〔註 102〕。所以我就要想一套方法讓他知道我們要幹嘛，這樣配合起來才不會差太多。若現場操偶人手夠的話，那主導現場的人就不用舉尪仔，都交給師傅舉就好，所以我弟就幫忙做一些特效就好。〔註 103〕

從王泰郎的這段說明，大致可以了解到，現在這種電視戲偶的大型演出，爲使舞台畫面更爲豐富、節奏更爲緊湊，故所需的操偶師（二手）就得更多人，其首要考量的就是大家的默契配合，且幾乎主演已不擎偶，專職負責在講口白的部分。在這群操偶師中得有其帶頭的領導者，負責指揮及分配各操偶師負責的角色。因此，這也是形式與環境所趨，若要求主演者一定亦得擎偶，是否對於演出上有其加分的作用？這就是見仁見智的問題了。原則上能當上主演的演師，大多數都已會操偶，只是尪仔擎得好不好的問題。況一位主演有了當二手的經歷過程，更有助於其在演出的經驗上與操偶的技藝上邁向成功之路的最大元素之一。

第三節　主演與音樂的搭配

布袋戲被歸爲「戲曲」，無疑地就因爲既有「戲」又有「曲」兩大基本元素，當然「曲」所涉的部分就是音樂方面。從早期布袋戲初傳入臺灣時的「潮

〔註 99〕「卡輸小空的」（khah-su-sè-khang-e），指比不上開口較小的景框。

〔註 100〕「嘛是」，也是。

〔註 101〕「雄雄」（hiông-hiông），忽然、突然、猛然、一時間。

〔註 102〕「凸椎」（tu̍t-tsê），意指失誤、出差錯。

〔註 103〕2013.11.12 下午於臺北八里「臺北木偶劇團」排練場訪談王泰郎記錄。

調」、「南管」都是以音樂為主的形式。所謂「三分前場、七分後場」、「無後場行無腳步」，戲偶角色走的台步係根據後場伴奏的節拍，缺乏後場便無法走台步，可見音樂在布袋戲裡的重要性。〔註104〕然布袋戲後場的功用就是配合前場演師，鋪陳劇情製造高潮，有紅花綠葉的功能，一場戲的表演若無優秀的後場樂師緊密搭配，則前場的演師縱有通天本領，也是巧婦難為無米之炊，演出將會非常「乾澀」，除了戲偶對話與說書幾乎無異。〔註105〕

布袋戲演師在習藝的過程中，當二手雖然是未來邁進「主演」的前哨站，但在升格為二手前還得先從基本的音樂節奏培養起。早期在當學徒之時，除了為師父做一些日常性的雜役外，眞正參與演出工作，得先從後場鐃鈸手開始，漸漸由淺入深，學會了後場樂器之後，有機會再從師父的助手幹起。〔註106〕的確，尤其在北管布袋戲盛行時期，音樂可說是演師們的學習基礎，諸如黃海岱、黃俊雄、許王、廖昆章……等馳名的資深藝師，除了有深厚的漢學根基外，從後場音樂工作開始學起，才奠定了今日之成就。然而，由於後場結構的變異，文武場人員漸為「放樂」者一人所取代，等於演師們的學習環境也因此而改變。演師們實際接觸到的後場機會變少了，自然對戲曲音樂的涵養就變薄了。

但無論後場編制如何地縮減，音樂節奏的功能在演出上始終是不可或缺之要素，所以布袋戲主演不僅在口白、五音，甚或操偶等，這些基本功皆須熟稔外，對音樂、鑼鼓至少也得了然於心，方能掌控自如於場上的演出。所以，現在的主演即便沒學過後場者，最重要的也要知道如何「使用」後場。資深主演廖昆章曾言：

> 也有的主演不會打鼓的，但他主要也需知道怎麼「叫介」(kiò-kài)，叫介一定要練，不知道要問，音樂上會影響主演。演北管布袋戲，要有後場、要知道「馬龍頭」(bé-lîng-thâu)、要會「叫介」、要知道他的「介頭」(kài-thâu) 是怎樣，一點一蹴 (tsi̍t-tiám-tsi̍t-tshiok) 都不能有所偏差。〔註107〕

〔註104〕參閱林明德，《典藏——小西園偶戲藝術》(臺北市：中華民俗藝術基金會，2012年11月)，頁97～98。

〔註105〕李殿魁、薛湧，《功名歸掌上　布袋戲演春秋——臺北市布袋戲發展史》(臺北：臺北市政府文化局，2012年4月)，頁88。

〔註106〕參閱江武昌，〈臺灣布袋戲簡史〉，《民俗曲藝》第67、68期「布袋戲專輯」(臺北：財團法人施合鄭民俗文化基金會，1990年10月)，頁118。

〔註107〕「一點一蹴」(tsi̍t-tiám-tsi̍t-tshiok)，意指一點一滴、絲毫。2013.11.21下午於

此更明白指出了，「叫介」對主演的重要性。何謂「叫介」呢？「叫」（kiò）者顧名思義，即呼喊、呼喚、召喚、使令之意，這是毫無疑問地；而「介」（kài）乃指的是「鑼鼓點」，簡稱「鼓介」（kóo-kài）、或「介頭」（kài-thâu）、或「壓介」（tè-kài）。亦即布袋戲演出比一般戲曲節奏來得明快，適合用簡短有力的介頭搭配之。〔註 108〕而這種叫喚「鑼鼓點」的動作就稱為「叫鼓介」（kiò-kóo-kài）、簡稱「叫介」，亦叫做「馬龍頭」。可說「鑼鼓點」的訓練也是演布袋戲主演的基本條件之一。即便是一向以演金光戲為主「中國太陽園」主演林大豐也特別聲明：

> 鼓介，重要的是要會叫介。小生、老生都是要唸文言文，平平一條詩，唸起來就不一樣了、氣口〔註 109〕就不同了。我現在雖沒有用後場樂隊，但腦子裡都還是有鼓介，所以放樂的都要配合得好。〔註 110〕

這更闡明了主演不僅是要懂得「叫介」外，「鼓介」更有助於角色的唸白與氣勢，即便是現場沒有文武場的鑼鼓伴奏，而使用配樂的方式，主演的心裡也得要有鑼鼓點的節奏。

然則主演既一定得熟悉鑼鼓點，使用到後場人員的鑼鼓演奏，以助其順利演出，故就得有能力指揮後場，與音樂人員達成絕佳的默契配合。因此，「暗號」就形成了主演與音樂人員的橋樑。「華洲園」主演林振森曾表示：

> 主演攏嘛（lóng-mā）〔註 111〕要注意後場，我腳蹔（tsàm）〔註 112〕一下他就要停，不能一直歕（pûn），若歕吹ㄟ〔註 113〕（pûn-tshue-ê）要有尾聲呀！我現在要停下來講話，要再看尪仔動作、要看打鼓ㄟ，暗示我現在要停住，講話。不然主演若聽不懂介頭，尪仔浮ㄟ沉ㄟ（phû-ê-tîm-ê）〔註 114〕，後場看不懂會幹譙。〔註 115〕

桃園青田街廖昆章租屋處訪談記錄。

〔註 108〕參見徐雅玫，《臺灣布袋戲之後場音樂初探》（臺北：國立臺灣師範大學音樂研究所碩士論文，2000 年 1 月），頁 28。

〔註 109〕「氣口」（khùi kháu），即指講話口氣、語氣及氣勢。

〔註 110〕2014.01.01 下午於苗栗通宵「三仙宮」林大豐演出前之訪談紀錄。

〔註 111〕「攏嘛」（lóng-mā），即也都之意。

〔註 112〕「腳蹔一下」，指跺一下腳。「跺腳」（tsàm-kha）。

〔註 113〕「歕吹ㄟ」（pûn-tshue-ê），指吹嗩吶者。「歕」（pûn）為動詞，乃吹之意；「吹」（tshue）為名詞，指鼓吹（kóo-tshue），即嗩吶之意。

〔註 114〕「浮ㄟ沉ㄟ」（phû-ê-tîm-ê），指上下不定。

這印證了主演在場上除了要看著戲偶的動作外，還得須注意後場的鼓佬，並適時的給予暗號，而且不止是手勢而已，甚至連踩腳也是在指揮後場人員的暗號。「小西園」許王也解釋：

> 我以前和後場的都是相挺的，大多是我的阿叔、阿伯。我與後場攏有暗號在，不用套戲（比手勢）這樣他們就知道啥了。布袋戲與大戲一樣都有固定的鑼鼓，內行的都會知道。有了固定的公式，我要那一個公式才能做暗號給他。我只要暗號給打鼓佬就好，不用給其他樂師。我用桌子也可以做暗號，從桌子的方向與角度也都可以打暗號；雖然桌子有時候是二手在擺的，但他要知道我要的手勢。就是說二手要先看我給他的指示，樂隊才能看他擺的暗號。甚至我排新的戲齣也不用跟打鼓佬說，只要跟他比一下暗號，他就知道了。〔註 116〕

許王與其後場人員關係密切、已極有默契，不僅手勢可以做暗號，甚至連台上擺設小道具的位置與方向，都足可成爲彼此間的信號。其資深後場藝師邱燈煌更補充說明：

> 主演是比給打鼓的，他自然就會打那個介了，後場一切的眼睛都是看著打鼓的。主演還是要有暗號、要喊介〔註 117〕，若沒有喊介擱尬（koh-kah）〔註 118〕後場不合啦！主演的暗號有一個「訣」在，主演有時候要喊介啦，下港（ē-káng）〔註 119〕講叫做「馬龍頭」。若要武打「跳台」他就喊「嘿！」那我們後場就打【四季頭】再下「武介」。若要「迎接」要下【三通】，主演手勢就會比。在「行路」就是打【牌子】，鼓吹再歕；再來【牌子】快結束了，他要下【三通】就要比一下，後場才坐到椅子。打鼓的在打，但我們手勢都是要學啦，不然布袋戲是活眼〔註 120〕的，主演要安甚麼「嶄頭」（tsām-thâu）〔註 121〕來攏不知道，一秒鐘就要讓它轉別款〔註 122〕、半秒就要轉

〔註 115〕2013.09.28 下午於雲林縣土庫鎮公所訪談林振森記錄。
〔註 116〕2013.11.25 下午於臺北市士林文昌路許王住處訪談許王記錄。
〔註 117〕「喊介」，即叫介。
〔註 118〕「擱尬」（koh-kah），就與、就和。
〔註 119〕「下港」（ē-káng），指臺灣南部地區。
〔註 120〕「活眼」，意指演活戲，也就即興成分居多。
〔註 121〕「嶄頭」（tsām-thâu），指「段落」，即有頭尾的完整段落；帶有裁戲之意味。
〔註 122〕「別款」，指別種形式。

> 別介〔註123〕，都要跟著主演口白的情緒走的。打鑼的眼睛要看鼓、耳朵就在聽口白，口白講到甚麼程度，我們就要跟到甚麼程度，我們的情緒也是跟著主演在走。這個都需要靠經驗、要練的，我到現在還是手在打、嘴巴嘛是〔註124〕在唸咧，嘴如果沒唸的話，手就會跟不上。「鈔」卡歹打。〔註125〕

主演的手勢暗號主要是下給打鼓佬，再由打鼓佬帶領後場人員奏出主演所需要「鑼鼓」，故所有文武場人員的皆須聽從於鼓佬的指揮。由於主演大多演活戲，演出的內容與形式、或其他狀況……等，大多是主演者當下的臨時決定，故後場人員得依照主演的指示，隨時都會轉換形式、轉變鑼鼓點的。因此後場人員要能理解主演所做的手勢與暗號，這些都是得經過訓練、學習與磨合。易言之，即整齣戲的進行最要緊的就是「馬龍頭」，主演必須聽候後場樂師的鼓，決定尪仔何時出場坐臺，打信號給鼓師。否則後場的鼓吹師傅也不知道如何搭配，整場戲就會全倒，沒辦法演下去。〔註126〕所以，主演與後場間的默契是很重要的，後場也要能推上主演一把才能順暢，後場若推不上的話，主演也是無法出場。這就像同樣的戲齣，不同的主演演出就會有所不同，有的主演口白少，那後場就要幫他撐著；反之，主演若口白多、很會講，則後場就比較輕鬆，但若又遇到很弱的後場有可能會絆住主演，那這主演就辛苦了，故後場對主演是非常的重要。〔註127〕

總而言之，這掌控全場的主要關鍵還是在於「主演」者。「小西園」許王更強調「我才是總指揮，不是打鼓的，這樣尪仔才請得對。如果氣氛太冷了，我會打暗號給後場，後場就馬上會變化。」〔註128〕其資深後場頭手鼓張金土說：「無論是新戲目、舊戲目，古輩戲或劍俠戲，我都是看王仔〔註129〕的動作，再指揮同仁來配合操作。」前音樂指導邱火榮亦說：「我待過的戲團，包括北、

〔註123〕「別介」，意指另一種鑼鼓點。

〔註124〕「嘛是」，也是。

〔註125〕「鈔」卡歹打，意指鑼鈔比較難打。102.09.01下午於臺北歸綏戲曲公園訪談邱燈煌記錄。

〔註126〕陳龍廷，《發現布袋戲——文化生態・表演文本・方法論》（高雄：春暉出版社，2010年2月），頁135。

〔註127〕語出邱燈煌。2013.11.27 下午於新北市新莊新泰路邱燈煌之次子自宅訪談邱燈煌記錄。

〔註128〕2013.11.25下午於臺北市士林文昌路許王住處訪談許王記錄。

〔註129〕張金土與邱火榮口中的「王仔」，乃指的就是許王。

中、南，但主演對音樂的熟悉，以王仔最爲內行，當劇情較緊湊時，音樂過於激動，他隨時指示後場來配合。」這都足以印證了許王是熟諳前後場的各項專業與相互間的關係，方能全場掌控自如以臻完美演出。〔註 130〕

此外，有一點是布袋戲有別於其他戲曲劇種的特色，就是布袋戲主演雖然負責了演出劇中所有的口白，不論是對白、獨白，以至旁白全都一人包辦，唯在唱曲方面，不一定得由主演來唱。而大多由其後場人員或請專屬人員來負責唱曲。「小西園」資深後場邱燈煌解釋著：

> 以前做後場是有在兼唱，我爸沒做時我在「新西園」攏是我在唱的，後來進了「小西園」人家阿松唱的比我好，我只是接他【緊中慢】的曲子而已。松伯仔大小角色，每個角色都可以唱，也可以做老旦，他很有名。金土伯也會唱，是唱「細口」（iù-kháu）的，小生也可以，以前搬《三國》的「細口」攏嘛（lóng-mā）他在唱，但現在已經沒聲音啦。〔註 131〕

當然，少數主演也有學過唱曲者偶爾也會親自下去唱，諸如：黃海岱、李天祿、許王……等，基本上都算是客串性質的。「輝五洲」資深主演廖昆章亦言道：

> 當主演一定沒有在兼唱曲，所以我雖然會唱，但我那時候當主演是不唱的，像許王、阿岱伯是愛唱，加減唱過癮的。我說的「洞房戲」〔註 132〕那是主演要唱的，因爲他是有「對答」的，是小生與小旦唱的對答。其他演出時都由後場唱的，不是打鼓者唱、就是打鑼鈔者唱。〔註 133〕

〔註 130〕參閱林明德，《典藏——小西園偶戲藝術》（臺北市：中華民俗藝術基金會，2012 年 11 月），頁 101。

〔註 131〕「阿松」及「松伯仔」乃指朱清松（1929～2016 年），「小西園」後場藝師，負責胡琴、嗩吶，兼主唱；「金土伯」指的是張金土（1933 年生），「小西園」後場藝師，負責司鼓兼副唱。「細口」（iù-kháu），指似小嗓所發的假音。「攏嘛」（lóng-mā），都是。2013.11.27 下午於新北市新莊新泰路邱燈煌之次子自宅訪談邱燈煌記錄。

〔註 132〕據廖昆章說明：要學前場主演者，這個古路是最要緊的，「金殿戲」金殿就要出皇帝、其次是「公堂戲」、再來就是「洞房戲」。這三種的戲一定要先學，這是古路戲最基本的。三大、三小一定都會演到這三種。「金殿」、「公堂」這屬於三大戲，「洞房」算是三小戲。過去這些都是有含「曲」的，但現在沒有了，現在沒人會唸了。（有關三大戲三小戲詳閱本章第五節）

〔註 133〕2013.11.21 下午於桃園青田街廖昆章租屋處訪談記錄。

而主演不兼唱曲最大的原因，其實就如同前文所述的「打武戲」時間，主演利用這段時間有其喘息的機會。「小西園」主演許王表示：

看戲的觀眾不一定是喜歡聽唱曲，唱的時候是我比較卡輕鬆，不是一直要打武戲，劇情安排也可以比較開。〔註 134〕

邱燈煌也說「布袋戲唱曲沒有打字幕，觀眾聽不懂啦！如果說聽得懂的話，以前沒有麥克風，也是聽不到清楚。不論唱好唱壞，唱過就算了。」〔註 135〕這就如同筆者在協助劇團演出時，當下所見，雖然現在大多用「放樂」形式，但放樂師也是會有一些唱曲或主角歌曲的唱段，除了打武戲主演放給助演去操作外，有時主演爲了給自己休息時間能長一點、多喝口水，就會囑咐放樂師歌多放兩段，叫助演讓尪仔的「走台」多走一台或兩台。

此也意謂著，布袋戲的「唱曲」就是一種「墊時間」的作用。而廖昆章亦解釋：「所謂『聽曲』是沒有在聽詞的，只有聽調而已，與劇情沒關係。」〔註 136〕這就如同許王所言：「他（指後場唱曲者）會唱甚麼就唱甚麼。他唱出來的詞跟劇情不同，會唱曲的腦子裡有好幾段詞，唱曲是由唱的人自由發揮。」〔註 137〕「大台灣神五洲」主演陳坤德也舉例說明：

唱詞不同，但這個人物是應該要唱這種的，因爲這個人物在唱，就有一項兩項三項或四項，我們就要在這四項內選一項，絕對不能唱在這四項之外不同的曲。〔註 138〕

綜合各藝人之說法，乃布袋戲唱曲者本身已預備了幾套的曲調（曲牌），各有所歸類，類似於「公式」般，也就是「唱曲的詞有些是固定的，跟劇情沒有關係，就這些詞代表甚麼，都是可以通用的。」〔註 139〕遇到主演需有唱曲時，就視當下的情境而取用之，如「行路」、「悲傷」、「失意」、「氣憤」或「陰森」等，唱曲者即唱出合適的曲調，至於唱詞是不是跟當下的劇情發展有關，那已經不是重點了。通常布袋戲是不似其他劇種有特別找人來特別設計編腔、安曲，也比較沒有唱到大段的曲牌，最常用到的就是幾句【緊中慢】

〔註 134〕2013.11.25 下午於臺北市士林文昌路許王住處訪談許王記錄。

〔註 135〕2013.11.27 下午於新北市新莊新泰路邱燈煌之次子自宅訪談邱燈煌記錄。

〔註 136〕2013.11.21 下午於桃園青田街廖昆章租屋處訪談記錄。

〔註 137〕2013.11.25 下午於臺北市士林文昌路許王住處訪談許王記錄。

〔註 138〕2013.11.23 下午於臺中南屯「神龍五洲園」顏永福自宅訪陳坤德記錄。

〔註 139〕語出邱燈煌。2013.11.27 下午於新北市新莊新泰路邱燈煌之次子自宅訪談邱燈煌記錄。

而已。〔註 140〕

其實，原在中日戰爭期間，日本人爲消滅布袋戲的民族風格，強迫戲班的後場使用西樂和唱片，而造成金光戲濫觴的先聲。金光戲最重要的特質是用唱片或錄音帶取代後場的鑼鼓絃吹，逐漸脫離了傳統戲曲的表演形式，成爲一種非戲曲的新風格戲劇。〔註 141〕這也使得傳統後場組織產生了極大的變化，平常至少四人（或以上）的後場人員，縮編成一人爲主的「放樂師」，並隨著時化進步從唱片進而到匣式錄音帶〔註 142〕、再到卡帶式錄音帶形式，錄音帶又換成 Compact Disk（簡稱 CD），較先進者再進而使用攜帶方便的 Mini Disc（簡稱 MD）。到目前已進步到用安全數位卡（Secure Digital Memory Card，簡稱 SD）或筆記型電腦（NoteBook Computer）……等。

當然，布袋戲後場結構的變革之下，相對地所使用的音樂也不僅限於傳統鑼鼓點及曲牌了，已融合了古今中外能夠派上用場的音樂或歌曲均可取用之。若是演古冊或劍俠傳統形式的，放樂師所備的唱曲也不只是北管曲牌，連南管、歌仔等皆不忌諱。尤其是金光戲所用的音樂更是包羅萬象。配樂出身的「新天地」主演黃聰國說道：

> 其實，以前西洋片常用到是「西部ㄟ」〔註 143〕用的比較多，幾乎每一首都可以用。比如《蝙蝠俠》、《第一滴血》等可以用在「出尪仔」〔註 144〕；像「投機者」〔註 145〕的音樂都用在武戲，西洋電影的配樂原聲帶是民戲時也常會用到。以前卡通還沒流行時都是用西洋的，後來卡通出來了就瘋卡通，卡通很便宜，我就是拼命的買。以前買原版一張都一仟元，後來臺灣都給人家翻版，一張都百多塊就可以買到。卡通比較沒有版權的，日本也不會有閒工夫來抓。現在都用電腦的，不然就是人家給我的，現在戲路也較少了，所以就很少錄了。〔註 146〕

〔註 140〕同上。2013.11.27 下午於新北市新莊新泰路邱燈煌之次子自宅訪談邱燈煌記錄。

〔註 141〕呂理政，《布袋戲筆記》（臺北：臺灣風物雜誌社，1991 年 2 月），頁 101。

〔註 142〕「匣式錄音帶」，一捲匣式錄音帶大略收錄四首，以音樂曲風或形式歸類，有歌亦有純音樂、甚或特殊音效……等，較唱片迅速方便選曲，故而逐淘汰了唱片放樂形式。

〔註 143〕「西部ㄟ」，是指「西部片」（Western）電影。

〔註 144〕「出尪仔」，是指尪仔的出台（出場）。

〔註 145〕「投機者」指的是「投機者樂團」（The Ventures）。

〔註 146〕2013.10.08 下午於基隆復興路黃聰國自宅訪談記錄。

由此可見，布袋戲裡使用的音樂甚廣，只要是音樂旋律可以在布袋戲的演出上派得上用場的，布袋戲是全都吸收。已故的「光興閣」團長兼主演鄭武雄（1937～2011 年）〔註 147〕亦談到他爲何會開始啓用唱片配樂的過程：

> 布袋戲到了黃金時期的時候，大概要到民國 46 年代，那個時候還是用打鼓、打鑼鈔。打鑼當中當然最重要的就是人員要吸收得住，那個時候要請後場是很難請，因爲要請一個後場就要經過請他太太一起來、連他的兒子也要幫他養。一個單位，譬如說從臺中要搬到嘉義表演，那個時候要請咖肖（khah-siàu）〔註 148〕、請打鑼鈔的，他們這些不是像我們現在說用金錢的，不是用錢喔……。所以生活眞困難啦！不過人員的問題，因爲一次的人員都二十個左右啦，和他太太、和他兒子湊湊差不多二十多個。最後感覺這樣維持不住了，我才開始發明用唱片來做戲。我感覺用唱片來做戲也不錯，因爲可以包括世界各國的，譬如說阿拉伯的、貝多芬第五號的，這種前奏有一點點前面的小節，用這個來配音，跟那個武打時候，用那種盛況比較熱鬧的音樂來配奏它的武打。譬如說日本的也好啦、美國的進行曲也好、我們中國的進行曲、梅花，那一種的都可以啦！但是如果遇到要唱歌的話，我將這個美國人的歌曲像比較悲哀的、或是說查某（tsa-bóo）〔註 149〕的，以旦來講，我就用日本的、比較柔性的女孩子的歌；若查埔（tsa-poo）〔註 150〕的較沉的人，沉的意思就是說較斯文的人，較沉的人就用日本的。以前日本很出名的小林旭，他們這些出名人，和石原裕次郎、不然就用美空雲雀ひまに的歌，再給它配。有時候用英文歌曲，有用一條 I can say love you.用這種的。這樣尫仔舉出來 I can say love you 就會感覺很有氣氛，那個煙浮起來、那個閃光閃下，這樣尫仔舉起來眞好看。觀眾就會越愛看，尤其是第一次我也是很大膽，我後場不敢說第一次就全不用啦！我改只用剩三個人而已，一半用我的音樂下去配音的，那個時候我就是用大俠桃太郎，桃太郎大部分的人都知道，我雄雄（hiông-hiông）給它奏那個日本囡仔（gín-á）的名歌，小孩子的歌叫做ももたろう

〔註 147〕鄭武雄（1937～2011 年），參閱本論文第三章第四節，註 183。

〔註 148〕「咖肖」（khah-siàu），即腳色，此泛指師傅、助演、助手之意。

〔註 149〕「查某」（tsa-bóo），指女人、女性。

〔註 150〕「查埔」（tsa-poo），指男人、男性。

さん、ももたろうさん這條歌一奏下去，那些觀眾更加愛聽，就説你就用這個下去做就好，打鑼的就不要聽了。〔註 151〕

從鄭武雄這一大段的敘述中，大略可了解到在 50 年代時期，聘請後場樂師已較爲難尋，且若請得到一位後場樂師就得一起關照到其全家的生計。這對戲班而言是一筆很大的開銷，故爲精減後場人員只得改採以放唱片方式來取代之。而所使用的配樂風格就更廣，可有東方音樂、西洋交響樂、中、西進行曲、東洋音樂、兒歌，以及西洋歌曲等。這種多元的音樂組合，反而受到觀眾的喜愛，更漸摒棄了傳統的鑼鼓樂。

尤其是 60 年代末，電視布袋戲盛行之後，大量改編日本歌曲爲主要角色的主題曲，後來黃俊雄曾將傳統戲曲改編爲通俗化（就現代社會而言）的歌曲，倒也頗受好評和流行。由地方戲創造出的流行歌曲似乎只此最後的一次，之後電視布袋戲卻淪爲唱片公司打歌的工具，以前是爲角色造歌，之後是先有唱片公司的歌後，才產生配合歌曲內容的布袋戲角色形象。〔註 152〕

有鑑於此，更要強調的是，要從這麼廣泛的各種音樂形式去挑選合於布袋戲戲齣之所需、又能符合主演場上所要的曲風，這選擇與決定權主要還是取決於「主演」者一人，即便聘請了對音樂極有敏銳度的「放樂師」，也非其所能決定的。由此，可以發現不同的主演所使用的音樂風格亦會不盡相同。「江黑番掌中劇團」主演江欽饒也說過：

我先生〔註 153〕在早期三、四十年的做戲生涯，當然他在用的音樂也一定有他的智慧，那個樂他都自己選。「百草翁」是這個個性，他就會選擇適合他的音樂。一顆主角尪仔要風光一定要賦予它的個性。譬如「鬼谷子」，聽到這條歌在唱時就可以知道是鬼谷子；鬼谷子在生氣的時候，這條樂他也是很會選、選得眞好。你只要聽音樂就好，不用去看尪仔，你就會覺這個人正在很生氣，這個人屁股後面將放一隻猛虎出來咬人了，這個人你惹不起，很兇！他只要用樂就能顯現出尪仔的個性，觀眾在現場就可以感受到不同的感覺。所以

〔註 151〕本段「光興閣」鄭武雄之訪談，乃於 1993 年鄭武雄受邀至臺北藝術大學表演，由公共電視台所訪談拍攝之訪談影片。節錄自「YouTube」http://www.youtube.com/watch?v=xQ7xx2m-zzo。（最後查核日期 2014.04.09）

〔註 152〕江武昌，〈光復後臺灣布袋戲的發展〉，《民俗曲藝》第 71 期（臺北：財團法人施合鄭民俗文化基金會，1991 年 5 月），頁 64。

〔註 153〕先生，即老師、師父。意指鄭武雄（1937～2011 年）先生。

> 我先生的樂多數都是他自己選的，早期他在選擇這樂曲是很有用心。〔註 154〕

這也說明了布袋戲主演者對所選擇音樂的敏感度，主演們在場上所構思的，已不只是所演戲齣的關目結構與人物口白等問題而已；主演者還得設計、思考、尋找適合劇中人物的個性，以凸顯角色的旋律與節奏，更細膩些亦可運用音樂來反應人物的情緒反應。易言之，也就是主演要能善用音樂來讓自己的演出內容更豐富、所塑造的角色人物更明顯。其次是主演亦得與其「放樂師」更建立起良好的默契。誠如「新天地」黃聰國所言：

> 以前人說「前場三分、後場七分」，所以說放樂者要能夠去控制主演，不是主演在控制你啦。你要聽話尾「告辭！」「請了～」就要放中節的【風入松】〔註 155〕順便拖一下。主演如果厲害，當聽到他放中節，那這個尪仔就會跟著下台，再走一台後站住、講話，這是互相所謂的默契。又比如說「叫介」，看他的起落台、聽他的尾音，這也是要默契啦！默契就是平常每天培養的，到最後主演就不會跟你說「你要給我放甚麼音樂」，只有特殊出新尪仔才會講而已，其他他都不會講了。譬如說，主演他重主角都只聽主角尪仔的音樂，找好了就放給主演聽合不合適，其他氣氛的都由我自由發揮。〔註 156〕

這更印證了，「放樂師」除了自己得先有對音樂的敏銳度外，在技術上的亦得不疾不徐的適時做到主演需要的感覺，更要了解主演者個人喜好的音樂風格，平常就得彼此間培養默契關係。久之，取得主演者的信賴後，甚至主演要甚麼樣的配樂根本都不需要特別叮嚀，即便主演有新的主要角色要出現，放樂師已了解主演的品味，自然而然就會很快的為主演找到他所要的「主角樂」，同時也分擔了主演親自去找音樂的工作。所以，放樂師本身自己亦得自我要求，勤做功課。黃聰國更表示：

> 有時我早上一醒來，唱片行一開，我就去逛了。通常一張唱片也不

〔註 154〕2013.07.14 下午於彰化員林員東路江欽饒自宅訪談記錄。

〔註 155〕臺灣光復前後，布袋戲興起一種以北管【風入松】曲牌爲主的配樂，後來錄音技術進步，將這些配樂錄成唱片廣泛運用，目前除了北部的北管外江布袋戲外，一般全臺布袋戲音樂皆有用之。以時間長度區分，可分短節【風入松】、中節【風入松】，用於連台、走台、或過場等。詳參閱徐雅玫，《臺灣布袋戲之後場音樂初探》（臺北：國立臺灣師範大學音樂研究所碩士論文，2000 年 1 月），頁 39～40。

〔註 156〕2013.10.08 下午於基隆復興路黃聰國自宅訪談記錄。

> 一定裡面只有一首可以用的歌，所以五點到七點這段時間沒觀眾，我就開始試音樂，試我今天買回來的新資料，覺得不錯的就做記號。因爲我是放樂出身，所以我對音樂要求很強、很嚴格。像找音樂我都有作記號，比如說第一首「伴奏」、第二首「主角」、第三首「緊張」……我都有寫、再歸納起來。以前放樂就是用那包袱巾裹著提著四處走，唱片都是自備，機器是團的，我自己的唱片自己知道，這樣比較好用。我都已做歸類，譬如說，這段是恐怖的、這段是音樂的、這段是歌……等，我分四個角落，每張唱片裡頭的順序也大多知道，這都是要靠訓練與經驗。〔註 157〕

畢竟找音樂也是件苦差事，有時候去唱片行坐整天了，還買不到兩張，甚至買回來的也不一定用得上。尤其是作爲角色能用的主題曲，最主要的是讓人能印象深刻音樂的旋律、能製造出無論是歡樂、哀愁的戲劇性氣氛，進一步塑造角色的內心世界。〔註 158〕

此外，主題歌也是有分「男歌」與「女歌」，並非每首歌皆適用於戲偶角色上，還得視其旋律、節奏性的強弱來看是否合用於角色的性格上等。然而，不論是主題歌或是配樂，每曲（首）音樂的特性與風格，都會影響到主演者當下演出的情緒與效果。廖昆章曾說：「口白有時候可以講二分的，但有了配樂有時候可以講到十分，自然口白會生出來，自然會生出一些平常沒講的話。」〔註 159〕且黃聰國亦云：「我常跟阮某（guán-bóo）說，妳樂就放好一點、做好一點，妳如果放不好，我就會做不好。」〔註 160〕由此更可證明，布袋戲演出藉由音樂的輔助與烘托，對於主演當下演出之作用，更甚於音樂給予觀眾的感受來得深切且重要。

綜合上述論說，大致可歸納、分析出布袋戲後場音樂的三大功能：

一、襯托功能：輔助主演進入劇情與人物的情緒、烘托主演口白「氣口」（khùi-kháu）的延伸，以及宣染情節氣氛的營造，具畫龍點睛之

〔註 157〕2013.10.08 下午於基隆復興路黃聰國自宅訪談記錄。

〔註 158〕參閱陳龍廷，《發現布袋戲——文化生態・表演文本・方法論》（高雄：春暉出版社，2010 年 2 月），頁 459。

〔註 159〕2013.11.21 下午於桃園青田街廖昆章租屋處訪談記錄。

〔註 160〕「阮某」（guán-bóo），意指黃聰國的妻子（潘瑞眞 1956～）。「新天地」平日民戲演出大多爲潘瑞貞爲其放樂師、黃聰國親自擔任主演。2013.06.02 下午於基隆復興路黃聰國自宅訪談記錄。

效用。

二、墊檔功能：適時地提供、協助主演休息、思考的緩衝時間。

三、補缺功能：彌補主演口白、尪仔表情、動作之不足。

然而，布袋戲的後場人員除了在音樂上的功用外，還有一項任務就是當主演口白上的「應聲」（ìng-siann）者即「內白」，就如同「幫腔」，行內話稱之為「腹內白」（pak-lāi-peh）。由於場上所有角色的口白全由主演一人負責，但如果主演口白上需有人回應的話，則後場人員就得附和之。其所答之詞得讓主演者能接得下去、以使台詞能繼續走下去，此亦需有經驗與技巧的。「小西園」資深後場邱燈煌表示：

現在的後場搬這種古輩齣的大多不會答這種「腹內白」，這個是要有經驗者才有辦法。主演臨時講出來就辦法臨時回應他。「腹內白」是有固定喔！有的主演講到那裡，你若沒答應他的話，他氣口（khùi-kháu）就出不來。尤其臺灣現在這些少年乀都不知道怎麼答，若是練痟話（liān-siáu-uē）〔註161〕的答會有散氣（suànn-khùi）。這都是固定的，而且答的也要讓主演能接的下去；對答也要給觀眾聽得有趣味，這也是一種「魁頭」（khuê-thâu）〔註162〕啦！以前的後場大多會講，但會答的人很少，現在已完全沒有人了。答要答得有意思才行，這些都是上一輩傳下來的。〔註163〕

從「腹內白」的字面上看來，可以初步的了解，後場人員要能臨時應付主演的對答，而答的要能主演能接下去、又要有其趣味性、也要能有噱頭，這必是得要有其相當的經驗與功力者。否則，所答之語反而會砸鍋、害了主演也壞了整齣戲。綜前所述，布袋戲的後場人員對主演的重要性、與主演之間的默契關係更是可見一斑。

第四節　主演對於布景特效的運用

布袋戲既屬於表演藝術之一環，當然就有其表演的舞台形式。早期是木雕方形的「柴棚仔」（tshâ-pîng-á）小戲台，前後有四根龍柱，四根柱子外圍

〔註161〕「練痟話」（liān-siáu-uē），即胡說八道、隨便亂說話。

〔註162〕「魁頭」（khuê-thâu），即噱頭、花招之意。

〔註163〕2013.11.27下午於新北市新莊新泰路邱燈煌之次子自宅訪談邱燈煌記錄。

圖 5-4.1　雕梁畫棟的「彩樓」

有一對獅子座或蓮花座，三面前方設矮欄杆宛如「勾欄」，結構簡單，俗稱「四角棚」。後來，雕刻越來越精緻，模仿一般廟宇，有殿堂、閣樓、雕梁畫棟、龍鳳飛簷，故稱「彩樓」（如圖 5-4.1）。而搭配此彩樓形式的大多為有後場人員伴奏的傳統布袋戲。但由於彩樓的構造與材質雖然有著細膩精緻的雕鑿刻畫，另外也可當成一種雕刻造型藝術品來欣賞，但通常是比較笨重、表演空間也比較有其侷限性。日治時期由於推行改良戲，舞台改成新奇立體化的布景片，也逐漸地取代了彩樓式的舞台；光復後，內台興盛時期彩繪的布景更廣受使用，且彩繪的景片亦有著一種廣告看板式的宣傳作用，容易搭拆、搬運亦較柴棚式的彩樓輕便靈活，故幾乎各戲班已都採用彩繪景片的戲台居多，因此當前彩樓式的演出大多僅出現於特定的演出場合、或文化場的演出中方能見之。

然而當戲台由「彩樓」形式改變成帆布彩繪的大型布景戲棚時，同時也改變擎偶的高度與畫面的結構。搭設彩繪景片的戲棚，表演活動空間可大可小，亦較彩樓的表演方式更具彈性。基本上若以操偶師的擎偶高度而言，即以「走馬板」的高度來區分，其可分有兩種形式：

一、業界稱之為「半山仔」（puànn-suann-á），即脫胎於原「彩樓」形式時，戲偶可從二片「交關屏」〔註 164〕所分隔的三個戲偶的出入口上下台；然改成繪景棚後，「半山仔」取代了「交關屏」，即變成是布製長條形，可形成了雙層不同高度的畫面，戲偶只能從兩邊進出，演師在「半山仔」後面，可透過此半透明的布製長條景中隱約看到觀眾。其「走馬板」高度約於演師胸前，故前面一層演師擎偶的高度與「彩樓」形式同，其手肘稍可彎曲；若後面一層無「走馬板」，故戲偶則得高舉，形成有層次感、立體感的畫面。（如圖 5-4.2）

〔註 164〕「交關屏」也有稱之為「加官屏」，通常是一對（兩片）懸掛於彩樓橫楣下的鏤雕木板，將彩樓演出空間分出左、右、中三個出入口，約於演師的臉部高度，主要是讓演師做為演出時遮避之用，又可以讓演師從鏤空的木板空隙中注意戲偶的動作及看到台前的觀眾（如圖 5-4.1）。

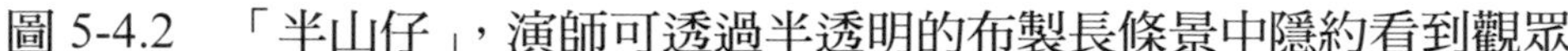
圖 5-4.2　「半山仔」，演師可透過半透明的布製長條景中隱約看到觀眾

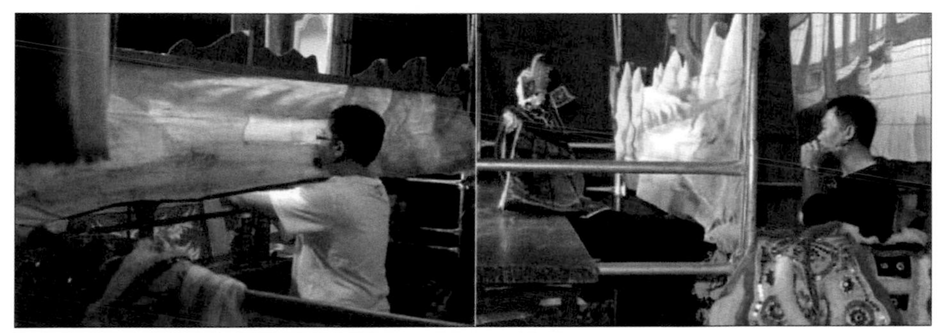

二、另一種形式是無「半仙仔」形式，故演師是無法透過繪景看到台前的觀眾，其「走馬板」的高度約至操偶師的鼻樑位置，擎偶者都得高舉，或稱爲「滿載」〔註 165〕，似攝影棚的操偶形式。（如圖 5-4.3）

圖 5-4.3　「滿載」，擎偶者都得高舉，似攝影棚的操偶形式

目前在臺灣所看到的布袋戲演出形式，除了彩樓外，幾乎都脫離不了這兩種形式的戲台。戲台的構造不僅是影響了主演的演出風格，亦是主演透過這種「半仙仔」式的繪景來觀察台下觀眾的一種方式。誠如「華洲園」的林振林所說：

> 別的主演我不知，但我自己在搬戲的時候，目睭攏要（ba̍k-tsiu-lóng-ài）〔註 166〕透過小面簾〔註 167〕、或半山仔，如果沒有讓我看

〔註 165〕「滿載」爲攝影棚操偶之用語。

〔註 166〕「目睭攏要」（ba̍k-tsiu-lóng-ài），指眼睛都要。「目睭」（ba̍k-tsiu）即眼睛；「攏要」（lóng-ài），都要。

〔註 167〕「小面簾」指柴棚的彩樓式戲棚有「出將」、「入相」、「戲團名稱」字樣在上面的三塊布簾，演出時戲偶的三個出入口，也遮住前場演員的布簾。（現在「出將」、「入相」四字，有些劇團已不用之，而改爲該劇團所據地，如「新

> 到觀眾，我做不下去。有些主演演到目屎流目屎滴（ba̍k-sái-lâu-ba̍k-sái-tih）〔註 168〕，但殊不知台下觀眾已經走了了（tsáu-liáu-liáu）〔註 169〕。要看到觀眾的反應，我們才能知道觀眾的需要，要做到讓那些老阿伯能感動流目屎（lâu-ba̍k-sái）。〔註 170〕

「中國太陽園」主演林大豐亦言道：

> 以前就是要這樣，攏是活扣（lóng-sī-ua̍h-khàu）〔註 171〕的，要臨時變化，看觀眾。以前那種「半山仔」的好處是可以常掀起來，可以看到觀眾有沒有走，人如果要走，那就表示戲齣人家看不習慣，就得臨時換，以前攏是安ㄋㄟ（an-ne）。〔註 172〕

由於布袋戲的主演是「賣聲賣藝不賣影」，一直都是藏於幕後獻藝的「藏鏡人」，且演出是即興成分居多，主演者是不能孤芳自賞的，因此主演是很重視現場觀眾的當下反應，適時地做演出上的調整。也或許是有鑑於此，故誠如前文曾述，現在有很多主演是直接站於台前面對觀眾現口技、講口白；而這些站出來的主演，其當下所演出的形式，也都是採用無「半仙仔」形式的戲台。

有了這種彩繪景片的戲台，而這也僅是戲棚的「前景」，即此彩繪景片只是當作前框而已，就如同人戲的縮小版「鏡框式舞台」（proscenium stage）般，故就必須也得有其後部的「背景」。一般戲班常用的背景幕都是以手動的「拉幕」（curtain pull）爲主，其基本款式大略有：宮殿景、廳堂景、野景（即荒野景）、街景（或廟埕）及洞景等背景幕。其他再視劇團之財力與演出戲齣所需，或增繪製一些如草屋景，陣圖（入陣）景、骷髏門景、江水景……等。這些布景的繪法，大多受西方劇場概念的影響，應用了文藝復興式的「透視法」（perspective），以二度空間傳達出三度空間幻覺，所繪製的平面式

北」「新莊」或「屏東」「崁頂」等等。如圖 5-4.1）

〔註 168〕「目屎流目屎滴」（ba̍k-sái-lâu-ba̍k-sái-tih），形容淚汪汪、淚流滿面、痛哭流涕。

〔註 169〕「走了了」（tsáu-liáu-liáu）即跑光光，指觀眾全走光之意。

〔註 170〕「流目屎」（lâu-ba̍k-sái），意指流眼淚。2013.08.05 於臺北市延平北路四段「陳悅記祖宅」訪談林阿三記錄。

〔註 171〕「攏是活扣」（lóng-sī-ua̍h-khàu），指都是即興的，意思是「演活戲」。「攏」（lóng），都也。「活扣」（ua̍h-khàu），即是活戲。

〔註 172〕「攏是安ㄋㄟ」（lóng-sī-an-ne），指都是這樣。2013.10.22 下午於南投「金聖宮」訪問林大豐記錄。

立體布景。〔註 173〕通常在這一道道拉幕的最後面，還會有一道「走雲景」（tsáu-hûn-kíng）〔註 174〕，以營造布景在觀眾視覺上的流動感。而走雲景，基本形式有二：一是全部繪以「藍天雲朵」的圖案，適合搭配打投影片的特效，如「吐劍光」之類；二是繪雲海加山岳景。偶也有做「樹景」的走雲景，這無非都是爲了增加畫面上的動感。

圖 5-4.4
走雲景（tsáu-hûn-kíng）

然而，自布景幕之興，運用這種布景幕也變成了各戲班、各主演較勁的項目，以及吸引觀眾前來看戲的誘因之一。特別在 1950 年代以來，從各劇團的廣告中，亦多強調「全部新式布景，五色電光，活動變景特獻技」（1952.6「振樂天掌中班」）、或「特色布景美觀奪目」（1952.10「假成眞」）、或「滿臺眞雨水景、眞火景，三十六丈走景，五彩劍光飛行、全部電化驚人大變景」（1952.12「亦宛然」）、或「新布景新劇情、特藝連環火景逼眞、十彩電光映演」（1953.8「東港復興社」）、「新添變景、活動機關」（1955.12「亦宛然」）……等宣傳字語〔註 175〕。可見機關變景上的推陳出新，皆是各團所設想的重點招數。「亦宛然」李天祿（1910～1998 年）亦曾表示：

> 我在演這些武俠戲時，特別注重佈景；光復後，布袋戲進入戲院演內台戲，原本的彩樓擺在戲台上顯得太小，漸漸的改用大型的佈景；有錢人請野台戲時肯負擔二至三倍的費用，也可以搭佈景。……像《火燒少林寺》……這齣戲我一共三套佈景，第一套將火畫在佈景

〔註 173〕參閱陳龍廷，《發現布袋戲——文化生態・表演文本・方法論》（高雄：春暉出版社，2010 年 2 月），頁 227。

〔註 174〕「走雲景」（tsáu-hûn-kíng），簡稱「走景」（tsáu-kíng），懸置於舞台的最後方，背景幕（拉幕）之後，傳統的走雲景是將背景軟幕架於左右兩端裝有滾輪的鐵桿上，其一端設有馬達以控其滾輪旋轉，類似現在跑步機原理來推動循環式的布幕。通常在戲偶「走台」、或「打武戲」時常用之，配合戲偶的走台方向而左右向轉動；即戲偶行走或跑步越快，走雲景與戲偶成反方向轉動得就越快。（如圖 5-4.4）

〔註 175〕參閱陳龍廷，《發現布袋戲——文化生態・表演文本・方法論》（高雄：春暉出版社，2010 年 2 月），頁 236～238。

> 上，用紅色的燈光照，再拉布景走景，隨著人物的移動，第二套佈景換到少林寺的正殿；我在後台底下用煙來薰，表現出室內著火悶燒的感覺；第三套換到城牆前，用空的火柴盒疊出一片城牆，再點燃眞正的火，火柴盒燒過後一片一片掉下來，就如同實景一般！那時候只要一貼出《火燒少林寺》的齣頭，當晚必定引來眾人圍觀。有一次在今民生西路附近的「眾樂園」演出時，路人以爲眞的發生火災，通知消防隊，連救火車都出動前來搶救，一路鳴笛趕到現場，才知道是虛驚一場。〔註176〕

從李天祿的敘述中，可以理解到主演對自己的演出上，除了講求聽覺上的獻藝外，在視覺上也是越來越要求，在彩樓形式已不敷觀眾的感官需求之下，更極爲重視布景的運用。也由此可看出布袋戲的戲台與布景的運用不僅是講求立體的繪工而已，也盡以朝向呈現寫實的方向邁進，能做到越逼眞越能討好觀眾。

因此一場演出中，須與主演做搭配的各項藝術工作者就更多，其分工也就愈加精細。誠如李天祿所言：

> 那時候我有四位專門爲亦宛然畫佈景的師傅。一位是福州人，擅長畫走景、變景；另一位新加坡來的師傅，原來是臺中人，到南洋住了一段時間後才回臺灣，他最擅長畫火燒景和水景；第三位是個上海佬，他畫的湖景十分生動自然；最後一位是我們大龍峒的本地人，叫張通龍，他所繪的內、外台實景，雕龍畫棟無人能及。他們四人是我從各地請來的高手，再加上電工師傅和服裝管理師，爲我把一切事情分配妥妥當當，他們不斷地設計新佈景、自己牽電線、安機關，在大家的通力合作之下，使我的演出增色不少。〔註177〕

有了這些變化多端的機關變景，就如同是一個縮小版的劇場製作，而光憑變景是不夠的，就得需有其燈光的輔助才能增加其眞實的效果。

最早期柴棚仔形式的演出結構，其照明設備也僅是從油燈，演進到電土燈（Carbide lamps）〔註178〕，至光復後，始使用電燈泡，重點是也要製造效

〔註176〕曾郁雯撰錄、李天祿口述，《戲夢人生——李天祿回憶錄》（臺北：遠流出版事業公司，1991年9月1日），頁143～144。

〔註177〕曾郁雯撰錄、李天祿口述，《戲夢人生——李天祿回憶錄》（臺北：遠流出版事業公司，1991年9月1日），頁144。

〔註178〕電土燈（Carbide lamps），又稱爲電石燈、異名乙炔燈（acetylene gas lamps）。

果。除了照明功用之外，其常使用的就是以紅色燈來渲染或製造一些氣氛或效果。「但那時候也沒有電光盤甚麼的，就三盞電燈，一盞紅色的都是二百五足光的包紅紙，做一兩晚就要換紙，燒到都黑掉。」〔註 179〕至於武戲場面，除了快速轉動「走雲景」外，就是將電燈一開一關，讓它閃來閃去的感覺。

隨著科技的進步，逐漸地燈具的形式趨於多樣化，就得視劇團的財力而添購更多、更先進、更複雜的新潮設備，現在更逐漸大量地使用了 LED 燈具的設備。依筆者的觀察，一般布袋戲在演出燈光上最不可或缺的基本配備，就是白光（電燈泡或日光燈管）、紅色燈、以及螢光燈（管）〔註 180〕。也由於有此螢光燈的應用，才能讓彩繪的景片及戲偶在燈暗時能呈現出螢光的作用。這也是有些戲偶的臉部，如眼影、腮紅、或嘴唇會漆上螢光顏料之目的。

又於陳龍廷所著的《發現布袋戲——文化生態・表演文本・方法論》一書中提到：

> 1950 年代幾乎全臺灣著名的掌中班在戲園演出都曾設計過變景……，都少不了以變景來吸引觀眾。變景的設計者，並不稱做「變景師」，而是稱做「電光手」。因爲舞臺變景的操作，需聽電光聲音的指揮，主演者發出「碰」的一聲，電光手就立刻變景。〔註 181〕

從這裡更可以看出，在演出上操偶師（助演）須專注地聽著主演的口白、後場音樂人員得注意著主演者的手勢、暗號，連電光手也得聽從主演的發號施令。而又爲何執行操作變景的人，不稱「變景師」而稱爲「電光手」呢？其實，變景師不只是操作變景的工作而已。廖昆章解釋：「放電光者稱之爲『電光手』，還要兼換景、切火（tshiat-hué）。電光是古早用的紅銅接電線，就類似

乃利用碳化鈣與水產生乙炔來燃燒的燈具即以電土（電石）加水產生化學反應爲燃料，照明度比煤油燈來得光亮，亦較不易被強風吹熄。

〔註 179〕語出「大中華五洲園」資深主演蕭寶堂。102.11.23 晚上於臺中南屯蕭寶堂自宅訪談記錄。

〔註 180〕此「螢光燈」乃藍色燈管，在業界習稱「黑人燈」（ôo-lâng-ting）？又有人稱「黑紅燈」？或「黑藍燈」？其音皆相近。筆者詢問了多位業界藝人，卻眾說紛紜，亦無人可說出其來源，只是憑其音而口傳下來。故正確稱呼有待再查究。

〔註 181〕陳龍廷，《發現布袋戲——文化生態・表演文本・方法論》（高雄：春暉出版社，2010 年 2 月），頁 230。

現在的爆破。」〔註 182〕也就是說「電光手」還得要負責處理其他特效的運用，重點就是聽主演的指令來操控損（kòng）「電光台」〔註 183〕。即電光手不僅得操控「聲響」的特效，亦需製造「煙霧」的效果。黃聰國言道：「那時候內台的特效沒有很多，煙是用炮仔粉做的，若不會配炮仔粉的，就拆炮仔裡面的粉，把火藥的部分拿掉，效果等於現在煙霧機。」〔註 184〕因此，像操作變景等這些工作都視同是執行特效者的份內，故就全都落在「電光手」的肩上。

隨著時代的演進、科技的進步、觀眾的感官需求，最重的是演師們的創造力。在演出的構思上是各顯神通，別出心裁地各發奇想，特別在布景、特效方面是各顯創意。雖然內台戲的輝煌時期已走入歷史，但在外台的排場上，依然還是各顯實力。演師們不僅在戲偶的構造、造型方面動腦筋，如：尺寸的加大，從一人雙手可同時操演兩尊戲偶、至一人操作一尊戲偶、再到二人互相配合操作一尊戲偶，甚至三人共同合作操作一尊戲偶。戲偶當著觀眾面前做近距離的拔劍、射箭、變臉……等特技（雜技）的噱

圖 5-4.5
大型的三空（孔）景框舞台

〔註 182〕「切火」（tshiat-hué），指控制燈光。2013.11.21 下午於桃園青田街廖昆章租屋處訪談記錄。

〔註 183〕「損」（kòng），即敲或撞之意。
「電光台」，最早是用大炮，拿掉燭心、用錐子鑽，再用四發的鉛線繫兩端（正、負電），由於爆破聲之響亮，故得以柴籠罩著。後來，研發以鐵軌打洞、用十多台，底下挖洞，再塞（倒）入火藥，以成電光台；需用鐵錘敲打會發出 piàng 的聲響，以製造閃光、做震撼的效果。再而，演進到後來有所謂的「炮仔台」（phàu-á-tâi），只有 piàng、piàng、piàng 聲響，宛如放鞭炮般，現場聽是非常震撼的。「電光台」是損（敲）才會有聲音，其成分爲硫磺、鹽硝（即 NaNO3，無色透明或白微帶黃色的菱形結晶）與火碳粉三項。若只有硫磺、鹽硝，沒有火碳粉就成了「炸藥」，類似現在用的爆破。以上「電光台」資訊，乃彙整訪問廖昆章、黃聰國及辜文俊等藝人談「電光台」之記錄。辜文俊（1963 年生），臺北蘆洲人，業界稱呼「辜一郎」，從小就於布袋戲班（華洲園）長大，後拜師許王。活躍於北中南各戲班，劇團經驗豐富並深諳木偶造型設計、舞台技術，及布袋戲配樂等專長。

〔註 184〕2013.10.08 下午於基隆復興路黃聰國自宅訪談記錄。

頭；在戲台的搭建方面亦是在比規模，舞台寬大，在戲院裡更不足以顯示其氣勢，也有「大銀幕式」的三個舞台並列之壯觀〔註185〕。（如圖 5-4.5）「中國太陽園」資深主演林大豐更自豪地述說其大型演出的基本配備：

> 我大棚的咖肖〔註186〕（khah-siàu）就有十多個，現在外台戲做電視尪仔的要勝過我的沒幾團啦！我一顆尪仔就刻五顆，包羅萬象都刻五顆，老和尚我刻三顆，只要是主角我都刻三顆以上。你以前看的是尺六的尪仔裝的，我現在的尪仔攏是〔註187〕二尺八，我光一個尪仔就需要三個人舉了。我大棚嘛有〔註188〕分：四五萬攏是用一空乀〔註189〕、六萬以上才有用三空乀的，我的三空乀就七丈多，連棚仔空就有二十尺。我大棚外面的電燈就有五六十盞（pha），我有買兩盞雷射燈，外面吊兩支，全部的布景都打到光；裡面的東西不更用講，光怪獸就嚇死人，還有配樂、爆破有的沒的。我單一帆（phâng）景〔註190〕就要用一台拖拉庫（thôo-lá-kù）〔註191〕載了。光這些我就花了多少錢了，我是費盡心血。要讓人家感覺到我真的是來做戲的，要賺人家的錢，就不要怕花錢。要有那個效果給人家看，走到那裡就是一個洞、走到那裡就是一座山、要到那裡就一個殿，吃菜人的金殿、廟，有三陽派、有三光派、西北就是骨頭仔洞，教堂就是白虎關，我攏一關一關。像別人用一塊景就從頭做到尾，這樣我做不合啦！〔註192〕

其實，演出的設備是一直推陳出新，這種花費可說是無底洞的，都得視各劇團的經濟財力而定。當然，戲班之間的互通借用亦是習以爲常的。重點是得看主演者對於所演戲齣的構思而定。一般戲班做特效常見到的有：

〔註185〕參閱陳正之，《掌中功名——臺灣的傳統偶戲》（臺中：臺灣省政府新聞處，1991年6月），頁209。

〔註186〕「咖肖」（khah-siàu），指師傅、助演、助手之意。

〔註187〕「攏是」，都是。

〔註188〕「嘛有」，也有。

〔註189〕「一空乀」（tsi̍t-khang-ê），乃指舞台前景是只開一個前框，呈現演出畫面的鏡框；意指「棚仔空」（pênn-á-khang）。最常見的就是開一個框的，或大型戲棚則左右再各開一個框，共計三個框。（如圖 5-4.5）

〔註190〕「一帆」（tsi̍t-phâng），一組。「帆」（phâng）說明布景的「單位」用詞。

〔註191〕「拖拉庫」（thôo-lá-kù），指大卡車。

〔註192〕2013.10.22 下午於南投「金聖宮」訪問林大豐記錄。

一、閃光燈

燈具的一種，其閃光的頻率速度可以隨意調整，用於武戲打鬥時，可製造慢動作（slow motion）的視覺感。

二、投影燈

以投影的方式，將刀、劍、或其他法寶的形狀投影於背景幕上移動。（現在較先進些的，就改用雷射燈投射）

三、煙霧機

或稱燒煙機，最爲常用，演出時通常至少都會準備二台（或以上），用以武戲時、仙風道骨的人物或神秘人物出現時、或施變法術時……等，使用場合甚廣。

四、碳棒（carbon）

是一種電影機打光用的碳電極（carbon electrode），運用一正一負的兩根碳棒碰觸所產生強大的亮光。常用於主要人物、或特殊神秘人物之出台、或走台時。（如圖 5-4.6）

五、相打電（sio-phà-tiān）

即利用電極短路（short circuit）作用，將兩根鐵棒接上電源，鐵棒亦可製作一直棒、一圓形。運用一正一負的電極互相磨擦所產生的火花。用於武戲人物「打氣功」、或「打閃光」之功夫。（如圖 5-4.7）

圖 5-4.6　碳棒（carbon）

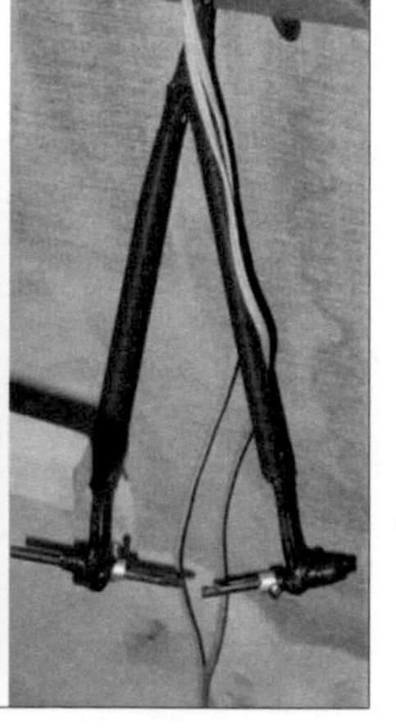

圖 5-4.7　相打電（sio-phà-tiān）

六、金光布條

即傳統布袋戲所使用之五色布條〔註 193〕之延伸。或其顏色更採有螢光作用的布料。揮動時，代表人物的內功或氣功、或神秘人物的出現只聞其聲不見其人時。

七、轉盤（phang-puânn）

又稱金光盤（kim-kong-puânn）。即裁剪木板成圓形狀，以螢光顏料繪製幾何線條或圖案，中心點鑿洞以做旋轉軸心。常用於人物出場前的瞬間、或人物所發出的氣功或內功等等。（如圖 5-4.8）

八、去漬油

通常大多裝於針油罐，以方便於「走馬板」上畫成一直線，用於人物發出氣功時點燃，火焰即沿著一直線燃起，甚是逼眞、壯觀。（如圖 5-4.9）

圖 5-4.8　轉盤（phang-puânn）

圖 5-4.9　去漬油

九、油性噴霧式殺蟲劑

演師一手持打火機點燃，同時噴射油性殺蟲劑，以造成火焰感。最常用於武戲、或製造火燒場景的畫面。（如圖 5-4.10）

〔註 193〕傳統布袋戲的五色布條有紅、白、藍、黃、綠；另又有黑色布條。揮動紅色代表火、白色代表清風或白雲、藍色代水、白色加藍色則代表海浪，五色一起乃代表五彩祥雲。而揮動黑色則代表穢氣、或冤魂、或人物破功時等場合。

圖 5-4.10　油性噴霧式殺蟲劑

圖 5-4.11　勝利之花

十、勝利之花

乃煙火之一種，為產生極大火花（火星）的畫面。往觀眾方向噴發，非向上噴射，或裝於一些怪獸嘴中點燃，以造成怪獸口中能噴火焰之功力。（如圖 5-4.11）

十一、來回炮

圖 5-4.12　來回炮

（江武昌攝）

即炮竹之一種，類似沖天炮之原理。將兩顆炮正反方向互繫於小段鐵管上，其一顆的引信接至另一顆之尾，以使一顆燃燒完可瞬間引燃另一顆。此鐵管即以鐵絲穿之，鐵絲一頭拉至戲台外通過觀眾的遠處某一點固定之，俟點燃時鐵絲拉直，則來回炮可迅速衝出戲台外、再飛入；讓煙火可來回穿梭於觀眾，其目的乃造成觀眾的臨場感。（目前此炮坊間已漸不易購得）。（如圖 5-4.12）

以上所列舉之常見的特效配備，大多需於暗燈之中僅開啓「黑人燈」的情況下使用，才能產生最佳的效果。而這些變景、特效的運用上，亦皆來自於「主演」者的巧妙構思，配合所編排的戲齣關目、以及即興的口白，指揮全場，以達成完美的演出。「輝五洲」資深主演廖昆章更強調說：

> 這些也攏是由主演想出來的，所以說主演是掌控全盤，所有你自己設計，甚麼音響、音樂、口白……等，攏是主演自己去深造，自己去想出來，在想的當中如何去運用，要合甚麼樣的場面，攏是主演的問題。〔註 194〕

由此更印證了，在一場布袋戲的演出中，舞台上各項技術的構思與運用，全都掌控在主演一人之身上。

雖然主演發揮自己的創造力、掌控全場演出的各環節，還得隨時克服當下演出環境的變化，以做其決策性的判斷。舉其實例，誠如在 2013 年於萬華龍山寺前的艋舺公園舉辦的「臺北市布袋戲匯演」〔註 195〕，在同樣條件的演出場地，主舞台及觀眾席遮雨蓬皆由主辦單位統一搭建。而筆者觀察了同是以金光形式演出的「日月興」與「新世界」兩團，當第六場「日月興」的主演簡文泉（1975 年生），至現場才驀然發現主辦單位所架設之舞台燈桿過少，以致所準備的布幕懸掛上產生困難，而毅然決定捨去所攜帶之所有布幕，僅懸掛「走雲景」以因應之；全場重點則放在情節走向及其五音口白的發揮上。然而，至第九場「新世界」的主演王泰郎（1969 年生），其所準備的布幕並不少於「日月興」，卻也遇到同樣的問題。王泰郎的應變方式則以拉繩索替代燈焊的作法，照原訂計畫呈現出該團豐富的場景與特效變化。由此，即可看出主演者除了在藝術上須有巧思的計畫外，亦必須具備能解決臨場狀況的應變能力。

第五節　前輩主演的舞台成就

在臺灣的布袋戲業界中，若談起某位主演、或某個戲班較擅長演出的風

〔註 194〕「攏」，都。2013.11.21 下午於桃園青田街廖昆章租屋處訪談記錄。

〔註 195〕「2013 台北市布袋戲匯演」自 2013 年 11 月 1 日起至 12 日止，每日晚間七時，於萬華艋舺公園演出。由臺北市社會教育館主辦，分別邀請了「興洲園」演出《鋒劍春秋之五行金砂誅仙陣》、「臺中木偶劇團」演出《孫臏與袁達》、「小西園」演出《瘋僧掃秦》、「新快樂」演出《孔明借箭》、「臺北木偶劇團」演出《八魔燒濟公》、「日月興」演出《五爪金鷹一生傳：大破白骨骷髏門．血戰地獄冥皇》、「全西園」演出《拇指仇》、「新五洲」演出《精忠報國岳飛傳：九龍山收服楊再興》、「新世界」演出《風雲再起之金牌五顆星》、「新洲園」演出《南海遊俠：三寶殺陣》、「新西園」演出《重建天波樓》，以及「哄哩岸布袋戲團」演出《過五關傳奇》等，共計 12 場，其中「金光戲」所占比例爲爲 25%。

格，大多會論及「三小戲」、或「三大戲」之語。如：黃海岱以詼諧的「三小戲」聞名、或新興閣派的風格，比較偏好以武打為主的「三大戲」，對於歷史典故掌握很熟練。〔註 196〕幾乎每一位主演都自我了解，自己擅常的是三大戲、或是三小戲。因此，三大戲或三小戲儼然成為認識布袋戲主演演藝風格的基本標誌。然而在曾永義教授所著的〈中國地方戲曲形成與發展的徑路〉一文提到：

> 中國「戲曲」因其藝術層次的高低和故事情節的繁簡可分為小戲和大戲兩大類；小戲和大戲又因其體製規律、起源地點、流行區域、藝術特色、民族之別而分為許多地方戲劇和民族戲劇。……所謂「小戲」，就是演員少至三兩個，情節極為簡單，藝術形式尚未脫離鄉土歌舞的戲劇之總稱；反之，則稱之為「大戲」，也就是演員足以扮飾各色人物，情節複雜曲折，藝術形式已屬完整的戲劇之總稱。大抵說來，「小戲」是戲劇的雛型，「大戲」是戲劇藝術完成的形式。〔註 197〕

這已對於「小戲」、「大戲」有明確的釐清。但在訪談各布袋戲藝人的過程中，雖然大多會提到「三大戲」與「三小戲」，但很顯然的他們對於小戲和大戲之區分，是非同於曾教授所意指的大、小戲之別。可是藝人們各自的解說又是各有所異，各有各的看法。故試將各藝人所解說的原貌列表示之，其中亦加入了曾提及過的學者、專家，俾利歸納、綜合討論：

表 5　布袋戲演師及學者、專家「三大戲」與「三小戲」之說法對照表

	三 大 戲	三 小 戲	各家附帶解說
許　王	老生、大花、公末	小生、小旦、丑角	跟北管戲差不多，是用角色來區分。不是以穿戴來分
邱燈煌	白鬍子的、黑鬍子的，以及大花	小生、阿旦、丑角	三小戲裡也可以有武戲

〔註 196〕陳龍廷，《臺灣布袋戲發展史》（臺北：前衛出版社，2007 年 2 月），頁 190、197。

〔註 197〕曾永義，《詩歌與戲曲》（臺北：聯經出版事業公司，1988 年 4 月），頁 116～120。按：曾永義教授所講的「小戲」就是演員少至三兩個，乃意指腳色以二小（小丑、小旦）或三小（小生、小旦、小丑）為主，劇目大多反映鄉土生活的片段，偏重歌舞，並以手帕、傘、扇為主要道具。

廖昆章	大花與老生這種粗口的就叫做三大、還有一個末（像老和尚那種）	小花仔、小生、囝仔&小旦	三大一定要用丹田力 小旦與囝仔同款
陳坤臨	武的，像金光戲、劍俠戲這就比較武戲的	三花仔、查某乀、老雞婆	三小攏講（lóng-kóng）〔註198〕苦的、喜的。三小沒有武戲
黃聰國	指它的戲齣分出去比較廣譬如說分五路，然後再去拓開、再去收。比較沒有小旦戲，開比較多路的戲	就是類似胡撇戲、段子戲那種的，比較有小旦戲	有一句話叫做「出接」（tshut-tsiap），這就是三大戲，人家看得久啦
林大豐	在做卡緊，口白較惡，鉼拼叫（pìn-piànn-kiò）、噴噴叫（phùn-phùn-kiò）直走〔註199〕，一直衝一直衝，戲齣在做眞緊、不慢、一直衝一直衝，口白都用形容的就對了。緊、捷、快，做的戲較硬，惡也是惡到嚇死人、文也是文到嚇死人，氣勢是分的很清楚，就是三大	做一些笑詼有的沒有的，全做三花仔戲，就是在做較軟、慢慢來、慢慢做、慢慢拖，只是文文啊做（bûn-bûn-á-tsuè）、投投啊牽（tâu-tâu-á-khan）〔註200〕，有時用口白，攏講一些有的沒有的給大家聽會涼涼啊，嘴比較軟，音平平啊，不會說惡，就是三小	三小若對到三大攏死，絕對死。人家說學戲要先做三大再說三小，若你學做三小的，要做三大，就沒法度做
柯加財	像做「關公」「三國」，比較注重陽剛	比較屬於愛情戲、笑詼戲、丑角戲較重	
陳臨德	比如說《三國演義》、《封神榜》較大部戲的	比較劍俠的、古冊戲路的、比較有歷史性的、野史記載的	若用角色來分，生旦淨末丑，一齣戲都要這些角色才能成一齣戲
邱文建	《三國》是三大戲，因爲《三國》最多老生、大花、公末，這三角色最常出現，所以他們會認爲這就是三大戲，其實也是角色裡面最多這三大角色。三大就要丹田力，尤其大花	嘴唇皮仔比較適合三小戲，小生、小旦攏嘴唇皮仔，較軟力	
呂理政	公案戲主要角色爲「三大」，就是大花、老生、公末〔註201〕	詼諧戲的主要角色爲「三小」，就是小生、小旦、	

〔註198〕「攏講」（lóng-kóng），都講。陳坤臨之意，乃指三小的口白都是講苦情或歡喜的情節。

〔註199〕「卡緊」，指節奏比較快。「鉼拼叫」（pìn-piànn-kiò）、「噴噴叫」（phùn-phùn-kiò）直走：意劇情節奏緊快、熱鬧地一直走下去。

〔註200〕「文文啊做」（bûn-bûn-á-tsuè）、「投投啊牽」（tâu-tâu-á-khan）：意指穩穩地做、緩緩地演下去。

〔註201〕呂理政，《布袋戲筆記》（臺北：臺灣風物雜誌社，1991年2月），頁68。

		小花〔註 202〕	
江武昌	歷史戲、征戰戲和公案戲〔註 203〕		
陳龍廷	比較偏好以武打爲主的。「三大戲」，即大花、老生、正旦爲主的戲齣，對於歷史典故掌握很熟練〔註 204〕	「三小戲」指主演要由小生、小旦、三花三種戲劇行當，所編而成的戲齣〔註 205〕	

而臺灣師範大學音樂研究所徐雅玟的《台灣布袋戲之後場音樂初探》碩士論文中亦談到：

> 在布袋戲中：「三大戲」則是重大官、大將、大戰的戲碼，如歷史戲「三國演義」；「三小戲」指重親情、愛情、詼諧的戲碼，如後來的劍俠戲、金光戲，內容皆以小戲爲主。當然，這樣的分法並不是絕對的，只要應用得當，任何戲碼不論何種形式都可勝任。音樂風格的明顯不同，最大因素在文場「單吹」與「雙吹」的不同編製。由於布袋戲後場編制精簡，一般文場只由兩位藝師擔網，「單吹」是文場只用一支噴吶，另外再搭配胡琴或三絃，武（剛強）用吹絃合併、文（輕柔）用雙絃（高中音雙拉或一拉一彈），音色豐富熱鬧；「雙吹」指文場用兩支噴吶，吹、絃分離，用吹時就不用絲絃，所以音色文、武獨立分明。這樣音樂風格的轉變，造就了大、小戲之別。〔註 206〕

徐雅致雖也提出了另一種說法，但她也聲明用戲碼的分法並非絕對，亦再從音樂的角度來看其風格以論大、小戲。若以許王所附帶說明的與北管戲差不多，是用角色來區分。那再來看國立中央大學中文系林曉瑛的《臺灣亂彈戲劇本研究五題》博士論文中就談到北管戲的分法：

〔註 202〕呂理政，《布袋戲筆記》（臺北：臺灣風物雜誌社，1991 年 2 月），頁 68。

〔註 203〕節錄自文化部《網路劇院》。江武昌，〈大刀對大槍〉http://www.cyberstage.com.tw/artist/people/word.asp?id=1109&Class=%BBR%C1%D0&Dtype=%A4H%AA%AB%C2%B2%A4%B6。（最後查核日期 2013.12.18）

〔註 204〕詳見陳龍廷，《臺灣布袋戲發展史》（臺北：前衛出版社，2007 年 2 月），頁 197。

〔註 205〕詳見陳龍廷，《臺灣布袋戲發展史》（臺北：前衛出版社，2007 年 2 月），頁 190。

〔註 206〕徐雅玟，《臺灣布袋戲之後場音樂初探》（臺北：國立臺灣師範大學音樂研究所碩士論文，2000 年 1 月），頁 13～14。

> 亂彈戲對傳統劇目的分類方式之一，即根據這種表演編制與行當分類關係。亦即有關劇目，如以「老生、正旦、大花」三種行當擔綱主角，即稱「三大戲」；以「小生、小旦、小花」爲主，則稱「三小戲」。除了由演出編制區別劇目類型之外，其餘三種則是根據劇本類型，或表演特色，及從聲腔的差別關係爲分類基礎。〔註207〕

亂彈戲是屬於「北管音樂系統」的主要劇種之一。在臺灣一般人常把「北管戲」就稱爲「亂彈戲」或「子弟戲」。內容豐富，有崑腔、吹腔、梆子腔、皮黃腔及一些民間小戲、雜曲，極富清初花部戲曲的特色。〔註208〕由此可見大戲、小戲還是以行當分類爲主，其次再視其劇本類型、表演特色與聲腔的關係來分類，這就如同曾教授所言的分類方式。所以，筆者可以很斷定地認爲三大戲與三小戲，前面這數字的「三」意指的就是「行當」，即以行當來分類。

惟，以行當而言，又各受訪藝人所說的行當卻些有出入，只有陳龍廷所說的完全與北管戲的分類相同。經本論文一路下來可以確定的說，布袋戲的大戲小戲之分，絕對與聲腔毫無關聯，畢竟布袋戲「主演」者，較不負責「唱曲」的部分。承本章第一節前文所討論的，主演口白、五音的運用有一定的關係。而這就跟「主演」本身的資質有絕大的干係。回顧本論文中，可得知有些主演者天生嗓音就「大腹」（tuā-pak）〔註209〕、有些主演比較不擅於「細口」（iù-kháu）的小嗓、有些又擅於用嘴唇皮仔的「平常聲」等等，這都足以影響主演者表演的風格，故陳龍廷所言的行當中，亦是有待商榷。很肯定的若三人戲裡有「正旦」，而三小戲裡又有「小旦」的話，那應該是錯誤的。因爲布袋戲裡正旦、小旦的發聲（音）法不也多是一樣的，只在於口氣與語言（台詞）上的差別而已。誠如資深主演廖昆章所說的：

> 這是在先天的關係啦，本人體質上先天的關係。比如黃俊雄他在做的時候，我去開頭，我若上去台上，他就說「給你給你」，因爲我的聲喉大。一個主演是這樣的，一個主演到底是好「三小」、還是好「三大」，最大取決條件還是在主演「五音」的本質與功力。〔註210〕

〔註207〕林曉瑛，《臺灣亂彈戲劇本研究五題》（桃園：國立中央大學中國文學研究所博士論文，2010年1月），頁16。

〔註208〕參見邱坤良，《舊劇與新劇——日治時期臺灣戲劇之研究（1895～1945）》（臺北：自立晚報社文化出版部，1992年），頁151。

〔註209〕「大腹」（tuā-pak），指丹田很有力，聲音宏亮。

〔註210〕2013.11.21下午於桃園青田街廖昆章租屋處訪談記錄。

這也印證了主演者個人的本質與其演出風格走向之重要關係。而「三大戲」裡所重的角色，其發聲部位都是比較重的，需要「使力」（tènn-la̍t）〔註211〕；反之，「三小戲」裡主要角色的發聲是比較「軟力」（nńg-la̍t）〔註212〕。相對地，三大戲裡的角色就在於比較陽剛、比較武戲，而三小戲中的就比較柔和點，也並非小戲裡就無武戲，它其還是可以有武戲的；甚至大戲裡也可以有笑詼（tshiò-khue）戲、有愛情戲。這都全視「主演」者本身資質的關係，而取決於演出風格的走向。

當然，這也是可以藉由苦練、勤練來彌補自己生理上不足的部分。因此若某一類型的典型場景一旦出現，整齣布袋戲表演必然會籠罩著一股特殊的戲劇氛圍。類似的場景如果經常出現在同一位主演的表演裡，長久累積下來，觀眾內心裡很自然地會產生刻板印象；認爲某位主演擅長文戲，或擅長笑詼諧戲。如果從主演者的表演裡可以找到比較多同類的典型場景，也可以客觀地推論出該主演的個人偏好，或歸納出特殊的表演風格（style）。簡言之，透過布袋戲典型場景的分析，一方面可以瞭解一位主演創作力的來源，另外也可以歸納出該主演的表演風格。〔註213〕

在布袋戲的演出中「主演」是舉足輕重的人物。也由於主演者各有屬於自己、適合自己演出的格調，而造就出個人的演出風格與特色。在本論文的探討中，大略也可以看出成功的主演者，對於整體表演的重要性，不但能賦予角色生命，演繹膾炙人口的故事，更能掌控到整體演出的氣圍。在演出的內容、「嶄頭」（tsām-thâu）〔註214〕的裁剪、口白文詞的運用，以及角色人物的塑造，常常有其出人意料的趣味與美感。雖說以前的主演所受學校教育的機會不高，卻有一顆好閱讀、實事求是的心〔註215〕，這也成了傑出主演的基

〔註211〕「使力」（tènn-la̍t），乃使勁之意。

〔註212〕「軟力」（nńg-la̍t）指使用的力道比較小。

〔註213〕見陳龍廷，《臺灣布袋戲創作論——敘事‧即興‧角色》（高雄：春暉出版社，2013年11月），頁13。

〔註214〕「嶄頭」（tsām-thâu），指「段落」，即有頭尾的完整段落；帶有裁戲之意味。

〔註215〕廖昆章言：「那個時候又要做戲，所以我看書的時間很短，書我都看重點，看我用得到的，沒用的我就不看。像中藥單、八卦、詩句等等，都是我自己看書記下來的，所以說要做一個主演書要讀很多。當主演，有讀過書者，用詞就要看學問，看這尪仔的身份背景來運用。所以說一定要適才適用，做戲學問很深啦！」2013.11.21下午於桃園青田街廖昆章租屋處訪談記錄。
陳坤臨言：「我的口白緊，不重覆，這表示我書看得夠，書要一直看才是最基本的根，像『九霄』就好，玉皇大帝住在那裡？四方中凌霄殿這些都要懂。

礎修爲。尤其在早期的學習環境中，也沒有錄影帶、錄音帶，甚至劇本等完整的教材來輔助學習仿傚與參考，主演者全靠有著一付超強的記憶力，以及靈活的思考、邏輯能力，加上個人的努力而樹立了良好的口碑。在訪談的過程中，不免常會聽到主演們會談到自己得意的成就，或讚許同業人的能力。「大台灣神五洲」陳坤臨說：

> 以前演《小顏回》觀眾來後台跟我說，師傅師傅，你這顆尪仔我五仟跟你買，我要拿回去放火把它燒掉，觀眾看到入神了。所以尪仔要塑造到讓觀眾能投入，是要思考、講究的，要能合觀眾，教化觀眾。〔註216〕

「中國太陽園」林大豐說：

> 我曾經做《國際流氓》有觀眾看到，出一萬元要來跟我買那顆主角大壞人尪仔，很陰沈叫「風流書生薄情漢」小生的角色，說要用刀劈開它。〔註217〕

「輝五洲」廖昆章說：

> 我曾做一個主角，那個尪仔只有出來走一走而已，他的功夫怎樣，不知道，但是客人看到要買兩個，一個男的一個女的男女主角，「那兩顆賣我啦，看多少錢，你講」。我說「若賣給你的話，我就無法做了」。這顆尪仔觀眾有印象，一顆尪仔一定不可以敗。有時候有的觀眾會說「那個尪仔不可做死哦，做死我會跟你變面（pìnn-bīn）哦！」那表示說他們看到入神了，會有很多狀況啦！〔註218〕

已故「光興閣」鄭武雄曾說：

> 大家當時進戲院主要都是爲了看百草翁，只要把百草翁的戲偶一請出場亮相，觀眾就興奮得不得了，而我每天都備妥笑料給他們，演這齣戲主要就爲了博君一笑，大家就會爲了百草翁排隊進場。當然最主要就是戲要有內容，內容都自己編的，往往都要編到天亮。很

我都是去翻書看書的，如《封神榜》裡面，有的沒有的，都要先去了解，把它搞清楚。所以要先去了解他的歷史，前因後果都要知道。我在做《小顏回》也是一樣。」2013.11.02 上午於臺中南屯永春路陳坤臨舊居訪談記錄。「緊」，即是快之意。

〔註216〕2013.11.23 上午於臺中南屯永春路陳坤臨舊居訪談記錄。

〔註217〕2014.01.01 上午於苗栗通宵「三仙宮」訪談林大豐記錄。

〔註218〕「變面」（pìnn-bīn），意指翻臉。2013.11.21 下午於桃園青田街廖昆章租屋處訪談記錄。

少人有我這種耐心，每天都編到早上六七點，每天都只睡幾個小時。〔註219〕

「新天地」黃聰國亦談到鄭武雄：

鄭武雄在「佳樂」是最紅的，連黃俊雄都輸他。他的「百草翁」若出來，觀眾就笑了。我不曾做百草翁，但錦仔〔註220〕也是做百草翁，たけを〔註221〕也是算他這一派的。但是做的「氣口」就たけを做的觀眾特別愛看。鍾任壁的百草翁所好像「俗仔」（sut-á）〔註222〕，出來就是被人家打的。たけを的就不會像「俗仔」，他有辦法做到百草翁生兒子。〔註223〕

「大中華五洲園」蕭寶堂也誇讚當年的黃俊卿：

不是說我在做戲才在捧他（指黃俊卿）。他下去高雄「南興」做戲，一年下去三四次，一次都三個月，每年都下去。若一開幕，那門就都全打開，人都擠不進去了，他能做到這樣。就只有做到「黑眼鏡」死，一些社會上的「兄弟」打金牌給他（指黑眼鏡）。〔註224〕

接著又說：

黃俊卿的戲肉比較硬，像我這種硬底來做他的比較合適。黃俊卿整個頭腦全是書，沒有在請人家來排戲的，我每天去看，攏是去看他的開幕。他的收幕，攏要給觀眾「幹你娘，明天不來看絕對不行，甚麼工作我都不做，就是要來看戲」。做到最後說「明天主角要死了」，大家就來打賭一千元。結果兩個都沒死。他要拓幕（thuànn-bōo）〔註225〕很會拓（tsin-gâu-thuànn），收幕很硬，他有辦法拓開（thuànn-khui），拓（thuànn）得平平。他遇到古冊戲，腦筋很好，

〔註219〕此段爲石光生教授2008.10.25訪談林啓東記錄。詳閱石光生，《鍾任壁——布袋戲的傳承與技藝》（臺中：行政院文化建設委員會文化資產總管理處籌備處，2009年12月），頁258。

〔註220〕「錦仔」指的是鍾任欽（1944～2009年，又名鍾任錦）。

〔註221〕「たけを」乃指鄭武雄（1937～2011年，本名林啓東），同業對他的稱呼。

〔註222〕「俗仔」（sut-á），意指無膽識、懦弱無能的人。

〔註223〕2013.10.08下午於基隆復興路黃聰國自宅訪談記錄。

〔註224〕「南興」是高雄的戲院。「黑眼鏡」乃黃俊卿享名劇目之一《橫掃江湖黑眼鏡》劇中的最主要的人物，身穿黑衣，滿臉落腮鬍、戴著一副墨鏡，性剛直火爆，重然諾、有恩必報，行走江湖剷奸除惡的正派角色。2013.11.02晚上於臺中南屯蕭寶同自宅訪談記錄。

〔註225〕「拓」（thuànn），有佈局之意，即關目結構的安排。

> 這個拿出來拓（thuànn）一陣子，時間差不多一個鐘頭，拓好就有個圓滿，拓拓乁、講講乁、瘋瘋乁。你如果去看黃俊卿的戲，看完三天後，第四天你沒去看的話會睡不著。他會迷人，尤其在那個開幕。〔註 226〕

「諸羅山木偶劇團」吳萬成對其師父呂明國的成就亦是侃侃而談：

> 當時的呂明國很有名，所到之處皆客滿，他做戲只輸黃俊雄。但口才是贏黃俊雄，腹內眞的很有料，就發音音色輸黃俊雄，他的聲音跟陳俊然一樣比較沒在分五音，因爲酒喝太多，聲音比較粗，不然黃俊雄做內台，都做不贏他。如果你聽到他的做戲，你眞的會愛聽。每一句的內容那尾聲很有意思，而且開幕、結幕非常好。那時候黃俊雄說不能跟他一樣做《六合》，所以他才做《小顏回》，而一戰成名。〔註 227〕

誠如以上，不勝枚舉。由此不難發現這些傑出的前輩主演們，能受到觀眾的認同與喜好，莫過於主演者是擅於塑造出能牽動人心的角色。更不簡單的是，布袋戲主演其藝術表達的媒介物僅藉由是一個木刻的柴頭尪仔就能夠賦予靈魂生命，不只讓尪仔活在舞台上，更讓它活在觀眾的心理，也正是前輩藝師舞台魅力的展現。「小西園」許王曾說：「布偶都是一張畫成的臉，眉目不動、表情固定，演師只有全神投入，人偶一體，能使布袋戲戲偶活過來。」〔註 228〕此話更說明了，當柴頭尪仔若沒有主演者賦予它生命，充其量它僅是一個「藝術品」而已，然主演者得全神投入方能與戲偶合爲一體，此戲偶才能有生命。

早期的演出環境中，就是因爲老一輩的沒有留下完整的記錄，因此主演們就得憑著腦子裡所記憶的重點、與師輩僅留下來的提綱爲骨架，再由個人的臨場經驗去讓這骨架生出肉（內容）來；承前所言，主演個人的基礎修爲就是提供長肉最重要的養分。這臨場的經驗也就是主演的即興發揮，簡言之即是「演活戲」。而這種即興創作，主演們就更特別重視到當下觀眾的感受，故演出的取向全順著觀眾的喜惡而走。因此，透過彩樓的交關屏或小面簾，

〔註 226〕102.11.02 晚上於臺中南屯蕭寶同自宅訪談記錄。

〔註 227〕2011.03.15 下午於新北市三重「上格大飯店」707 號房訪問吳萬成記錄。

〔註 228〕此乃許王曾對兒子許國良（1957～2004 年）的教誨。詳閱林明德，《典藏——小西園偶戲藝術》（臺北市：中華民俗藝術基金會，2012 年 11 月），頁 95～96。

以至半仙仔的半透明繪景中，可以觀察到觀眾的感覺、態度與反應。所塑造的尫仔（角色）有沒有給觀眾留下印象？觀眾是否亟關切這個角色的發展？觀眾會不會因此角色而喜、而怒、而悲？這些都是推動主演者爲演出而費盡心思的最大動力。

臺灣南部觀眾和北部觀眾看戲各有其習慣性，往往會被主演所牽動。譬如：常看許王的戲者，反而就不喜歡看黃俊雄的戲，反之亦然。主要乃在於他們二人的「戲氣」（hì-khùi）大不同。許王在古冊戲可以連續，而且口白毫不太囉唆：而黃俊雄天生清晰的五音是無人能及，除了有天份外、又有根底，「有腹內」才能講得出令人贊歎的言詞。〔註 229〕這也印證了陳龍廷所說的：布袋戲主演因其承傳不同及其性格偏好，因此擅長的彈性創作單位（a plastic compositional unit）〔註 230〕各有所專。而這些彈性的創作單位，除了臺灣民間漢文傳統之外，或來自先輩布袋戲藝人的承傳，個人的性格特質與偏好也是不可忽略的要素。〔註 231〕

然而，前輩主演者隨著年紀歲月的增長，雖然在經驗與歷練上、技巧上固然是日與精進，但卻可能也因爲生理狀況的變化，在表演功力上而有所退失，如：氣的運用，氣勢的營造，氣口的收聲（尾聲），甚或或記憶上的衰退而減弱了演出的品質。即便如此，前輩主演他們對這項職責認眞的態度，就是對臺灣布袋戲的最大貢獻。但畢竟臺灣的布袋戲發展變遷史卻由傑出的主演者所共同寫下的歷史。

回顧臺灣幾代布袋戲主演的技藝傳承下來，大致可以感受到，以前老一輩的創作由於師輩所留不多，只能靠自己看古籍、小說，或閱讀群書來提升自己的涵養，增加自己的靈感，加上自己的努力不懈，而締造出口碑載道的風格與特色。而再下一輩的主演，僅能藉由跟戲學戲來豐富自己的經驗，若探究其向師輩或前輩學到了多少功夫？是否有掌握到師輩的精髓？又是否已

〔註 229〕語出吳萬成。2013.05.03 下午於雲林瓦厝「福德堂」廟前廣場訪談吳萬成記錄。

〔註 230〕布袋戲的「彈性創作單位」，即常見的典型口頭表演主題，至少包括文戲、武戲、笑詼戲等。各種主題的功能，就在於不同戲劇氣氛之間的轉換。如果已經出現過多的武戲，偶而運用文戲來調整一下觀眾的情緒，反之亦然。參閱陳龍廷，《聽布袋戲——一個臺灣口頭文學研究》（高雄：春暉出版社，2008 年 1 月），頁 193。

〔註 231〕見陳龍廷，《臺灣布袋戲創作論——敘事・即興・角色》（高雄：春暉出版社，2013 年 11 月），頁 13。

能承襲發揮師輩所傳的特色？吾人常常會聽到某些主演強調師承了某某名師、標榜著擅長某某大師所傳名作等等。如此，不免要問其師的特色爲何？又每位主演本身的特質各有不同，眞能完全學到師輩的又有幾分？若以金光戲的部分而言，有哪一部金光戲齣已有了結局？又談何眞傳某師之名作？還是只有學到戲齣與角色之名而已呢？這可能也只有主演者自己心知肚明。若延伸到再下一輩的主演，尤其是身在當前的演出環境，豈又能向上輩的學到多少技能？這種種現象都是值得引人深思的問題。

小　結

布袋戲這項表演藝術的完美呈現，是有賴於舞台上各項藝術人員的專業分工，方以達成的演出任務。在本章裡試從演出上的各項專業角度看來，布袋戲主演的功能著實地可堪稱是整場演出的總舵主。布袋戲主演的口白更是賦予了一齣布袋戲的表演靈魂，如果節奏感掌握得不好，五音分得不夠清晰，後場搭配的工作人員藝術修養功力再強，可能也無法抓住觀眾的心。主演除了須熟記由始至終的情節、人物之外，更重要的是還得能妥善拿捏各場景段落的安排，並適時地穿插當下流行的新鮮詞彙，或戲班流傳的套語來因應。如此才能在極短時間內，完成一齣令人驚豔的作品。〔註 232〕

有能力當上布袋戲的主演，就表示此演師的嘴上功夫已到達了可以「開口」獻藝的層級。因此，主演者就如同京劇演員一樣是「吃開口飯的」，其顧名思義也就是說靠嗓子吃飯，如果聲帶壞了又不能治好，那麼一生的志願皆化爲泡影。〔註 233〕布袋戲主演除了唱的部分外，其對於行使聲音的變化，不是其他任何一項表演藝術可與之相比的。主演的「聲緣」是吸引觀眾的第一步，不僅一人得分飾多角的口白，且每個角色人物的聲音也要清晰可辨，這其中還得包括擔任第三者任務的「旁白」，才能把整齣戲的故事「說」得好聽、「講」得動人，所以若說它是「聽戲」也是實至名歸。而主演憑著一張嘴就能把觀眾帶進戲偶的感情世界，且不僅是應付場上角色的口白而已，在演

〔註 232〕陳龍廷，〈從籠底戲到金剛戲：論布袋戲的典型場景〉，《戲劇學刊》第 12 期（亞洲劇場專輯），（臺北：國立臺北藝術大學戲劇學院，2010 年 7 月），頁 75。

〔註 233〕劉琢瑜，《怎樣唱好戲》（臺北：秀威資訊科技股份有限公司，2006 年 7 月），頁 81。

出進行中的任何一切，他都得關注到，就宛如一部使用中的電腦同步在執行許多檔案般。同時「專心地」想多事、做多事的深厚功力，是須要靠平常的訓練與經驗的累積。

大多數的主演幾乎都是得經歷過當助手這一關，了解戲偶的構造、清楚戲偶的裝扮、理解戲偶的性格，以及熟稔操偶的技巧，領略了一切演出的程序，方可爲主演的得力助手。好的助演在場上的表現除了得非常專注地眼觀手中偶、耳聽主演口白外，更須與主演有其相當的默契，主演在場上未想到的、或臨時想到的雜務都得先爲主演預備好。演出時協助主演分擔操偶工作，甚至或已有能力當上主演者，還可能提供意見爲主演編戲，若遇有對台或分團時，又得代爲出征……等〔註 234〕。因此一位得力的助演，其功用可說是名副其實地爲主演分憂解勞的好幫手。

然而，後場音樂是輔助主演在演出上更爲流暢的最佳利器，所謂「三分前場、七分後場」，故主演者最好亦得有其音樂節奏的基本素養，才能順暢地與後場配合，達成一場完美無瑕的演出。主演與後場默契的培養，更是建立在經驗的累積與彼此的信任上，其最重要的溝通橋樑就是「暗號」，透過手勢、跺腳、場上道具……等，甚至眼神，都是主演傳達給後場人員的信號。尤其是「叫介」，更是主演者所必備的基本功，主演者必須懂得如何使喚「馬龍頭」，就能方便指揮後場人員以發揮輔助演出的最大功能。

1950 年代以來，戲班爲節省人員支出開銷，布袋戲的後場音樂人員從最少四人（或以上）的編制漸縮減成一位「放樂師」，廣用唱片、錄音帶等科技的音響設備，同時亦拓展了布袋戲音樂的範圍。而這種以一位取代多位的狀況下，責任卻不減，此專職負責音樂的「放樂師」得具備有幾個條件：一、對音樂感須有敏銳的能力；二、對布袋戲須有一定程度的內行；三、要能熟悉戲齣；四、又得熟知主演者的個性與喜好。最重要的是能與主演培養良好默契，演起來與有後場人員的劇團一樣。從傳統戲曲的觀點來看，後場與錄音的效果差別不大，重要的關鍵在於主演知道如何配合鼓介，放樂師知道如何配合戲齣、布袋戲表演以及主演者的性格而配合無間，〔註 235〕甚至還輔

〔註 234〕於陳龍廷《發現布袋戲——文化生態・表演文本・方法論》一書中提到：「1952.09.01 五洲園第一團與西螺新興閣對臺時，黃海岱（1901～2007 年）的得意門生鄭壹雄（1934～2002 年）正好出師，在五洲園掛名爲『助演』，其實就是幫黃海岱作主演。」（高雄：春暉出版社，2010 年 2 月），頁 81。

〔註 235〕參閱陳龍廷，《發現布袋戲——文化生態・表演文本・方法論》（高雄：春暉

助、增添了主演者對於藝術的創造力，這也是布袋戲一種歷史現象。

而主演既然在場上那麼的忙碌，總得找個時間喘息、小憩一下，其最佳的時機就是利用尪仔武戲的「武打」時間、或尪仔走台的「唱曲」（歌）時間。這段時間也是讓主演思考的緩衝時間，讓接下來的呈現聲音與戲齣皆可更為完善。

在舞台技術方面，日據後期已有福州藝匠所畫的布景舞台出租劇團使用，皇民化運動期間因演出活動的停止，所有的木雕舞台（柴棚仔）多任其損壞。光復後，為急供演出之用，布景舞台之輕便、亮麗、新奇大受歡迎，而為配合內台演出之需，舞台也一直擴大、布景不斷創新、燈光變化隨之加強。然而，雖機關布景之使用有助於表演和舞台氣氛，但也難免與表演藝術的發揮有所矛盾，尤其布袋戲的寫意表演與寫實布景產生風格上的極大矛盾。隨著商業劇場的發展，此種矛盾常為觀眾及演師們所忽略，甚至於機關布景卻成了劇團宣傳的重點。〔註 236〕如此也造成了臺灣布袋戲的另一種面貌與特色。實言之，這也是時代局勢的演變所趨，迎合時下觀眾的口味，更激發主演者的更多、更廣、更新潮，甚或更科技的創造力。

每一位主演因個人的資質、天賦不同，因此亦會影響其演出風格，故主演須懂得揚長避短、懂得善用自己本質的優勢，才能發揮其個人的舞台魅力，這也是傑出的前輩主演能打動人心、深植民心的最大成就。總而言之，一場完美的布袋戲演出，其在場上的各項職能，不論是身兼演員的主演自己，以至助演人員、後場人員，以及電光手們的一切舞台行動，都還是聽令於主演的發號，在演出上的的每一個關節都是主控在主演一人身上，這也就是本論文所要關切的主題重點所在。

出版社，2010 年 2 月），頁 290～291。

〔註 236〕江武昌，〈光復後臺灣布袋戲的發展〉，《民俗曲藝》第 71 期（臺北：財團法人施合鄭民俗文化基金會，1991 年 5 月），頁 64～65。

第六章　結　論

布袋戲這項傳統藝術在臺灣落腳生根，至少也超過一個多世紀的年代，隨者臺灣自然與人文環境的變遷，也曾產生多次不同樣式的面貌。而本論文所探討的乃在於布袋戲這項以「人」為議題的表演藝術，從主演者的角度切入來談論臺灣布袋戲的生態問題。茲以回顧全文綜述以做結論：

壹、本論文綜述

在本論文中主要以分為「布袋戲在臺灣的環境歷史」、「由演師的從藝史看布袋戲主演技藝之養成」、「主演對於關目編排之手法」，以及「主演的表演技藝與成就」等四大部分，分別談論布袋戲主演在演出上所承擔的重要功能。在論述之前首對於「主演」一詞做了詢訪與釋義。

「主演」至晚於 1950 年代以來，無論是業者、或是外行人，已經是被一致認定的一個代名詞，雖然它稍早之前曾是南部相較於北部「頭手」的一個稱謂。或許外界有些還是常慣稱「師傅」，更於 1980 年代本土意識抬頭，官方及民間開始重視本土傳統文化，民間戲班除了維護「民戲」的演出外，為了爭取「文化場」的演出機會，提昇個人或各派的知名度，不論對官方或民間單位的企劃書中、甚或各項宣傳上，皆已統一通用「主演」一詞，其含義就是主要／重要的演員（演出人員）。

在本論文的第一部分談布袋戲在臺灣的環境歷史，可以看出布袋戲自清領時代，以至到光復後的一段時期，雖是不同的政權替換，卻皆幾度受到政治高壓的影響，也因此讓布袋戲有了轉型的契機，這期間也使得布袋戲在臺灣的盛況是起起伏伏。在這變遷下的歷史環境中，再再考驗著歷代布袋戲主演者的智慧與應變能力，方能使得這項傳統藝術延續至今。綜觀之，布袋戲在臺灣曾出現過的內台、或廣播、或電影、或電視等各種形式，還是都不如外台形式更具其堅韌的生命力。外台布袋戲在臺灣的環境下，不論是日治時期的禁鼓樂、皇民化的嚴禁、或是國民政府時期所曾受到的無理規定，不管官方當局是如何的嚴訂限制，其活動在各個時期裡是一直未曾間斷過的，畢竟它是大多數戲班賴以維生的管道，戲班們爲求生計，還是有偷偷在從事外台演出之活動，更何況其自古以來就已成了宗教活動的一環。

在第二部分就演師的從藝史來看布袋戲主演的技藝之養成，從考察的幾位不同年代、不同派別、不同出身的布袋戲主演中，似乎可發現到，早期大多數「家族性」的戲班裡多少會出現了罕見的「女主演」。而女演師不僅在家族中是相當引人目光外，多少影響著家族中其他演師技藝的養成，亦在在臺灣布袋戲上不容被視的忽一環。此外，從布袋戲演師拜師學藝的過程中大概也可以看出，從當學徒到學成出師之期限是不一定的，打破民間技藝傳習「學徒制」三年四個月的約制，全視演師個人的資質。最短有三個月就可以上台「開口」者，也有長達九年才當上「頭手」者〔註1〕。甚或不只是拜一人爲師，或師從二人以上者；在師承的輩份上亦是頗爲複雜，父子所師者雖同門卻不同人，但其二人所承之師的輩份卻又同輩，然父原是子之師，但在學藝的輩份上卻又成同一輩師兄弟；同門之中，不只是輩份之混亂，也有同門之中互不相識者等等，這種種現象都是布袋戲與其他行業相較之下的特異現象。

在民間技藝的傳承，師父往往是影響徒弟未來成就最大的關鍵之因素。當演師學成出師，始活躍於劇界，往往就會被問到所師何人？此現象至今似乎已成了不變的觀念。誠如：「五洲園」開山始祖黃海岱於 2007 年仙逝後，不論是戲界、學界、文化界無不對這位布袋戲界長者莫大的尊崇與感懷。之後突然間出現了許多以○○洲、或○五洲、或○洲園之類的班號出現，打著是黃海岱「洲派」體系下的傳人等。由此可見，有時師輩的名氣似乎已較其技藝上之優劣爲人所看重，所謂「師出名門」變成了取決演師的首要條件了。當然，一位優秀的藝師之所以會有名氣，其技藝必有其被肯定之處。另

〔註 1〕 闊嘴師王炎（1901～1993 年），14 歲拜師「盧虛觀」的頭手林阿頭（本名林永）。17 歲又請人寫了拜師帖，包了紅包拜艋舺南管名師「哈哈笑」的呂阿灶師。直至 23 歲自己才組「新花園」當頭手。共計當了二手長達九年之久。詳閱沈平山，《布袋戲》（自行出版，1986 年 10 月），頁 400～414。

一種現象，反而是名師基於「愛才」之心態，遇有「無師自學」資質佳者，亦可能主動要求收徒，讓他的技藝能更上一層樓。的確，習藝主要就是學此藝之「竅門」，演師的技能表現若能得有一師之點化，則功力必將大增，倍有受益。

幾乎每一位演師的學習過成中，除了自己的苦練與努力外，大多也會有對其影響最深的「武功秘笈」。這也顯示不論演師識不識字、學歷高低的問題，閱讀對演師是極爲重要的一項習慣。即便在受教育貧乏的環境裡，漢學老師或講古先生的出現，更是開發演師知識與創作靈感最佳之泉源。民間社會的漢學仔先生除了文言音的傳授之外，也對於布袋戲的表演創作產生相當大的影響〔註2〕。

特別值得一提的是，黃俊雄對於布袋戲人物聲音的詮釋，可說是前無古人、後無來者，至目前是無人可出其右，光聽他的聲口就迷上了布袋戲，更遑論親眼見到他的現場演出。許多「無師自學」的主演就是因爲他的聲音，而跳進了布袋戲這個行業。黃俊雄對臺灣布袋戲史的貢獻亦是功不可沒。

第三部分論述的則是主演對於關目編排之手法，亦就是對於戲齣「嶄頭」（tsām-thâu）〔註3〕的裁剪、組合與運用；簡言之乃在於編劇方面的功力，這其中也涉有大量的「導演」之功能。文中就其取材內容的關目運用上，依序大略分「古冊戲」、「劍俠戲」、「金光戲」，以及當代因應文化場演出型態而新／改編的劇目等四大議題。從中亦可看出在布袋戲的發展演變過程中，其實並不能很明顯地去區分那位主演者是屬於那一階段的風格。多數劍俠戲的演師早出身於傳統鑼鼓的古冊戲時期、而金光時期的演師也多走過劍俠階段，其呈現是一脈相連、交疊發展且不可分割之關係。

也基於各時代主演們的創作思維，在關目的編排技巧上，各時期皆已逐漸形成一種約定俗成的基本套用公式，尤其是金光戲更是鮮明。然而，早期學徒學藝的方式大多是「跟戲學戲」、「口傳相授」，頂多以簡略的提網爲「教材」。全憑經驗的累積，而造就出主演者皆有其場上臨場應變的即興功力，尤其是面對觀眾的反應，可以馬上取決主演者當下的口白與情節關目之走向；甚至主演者可以完全牽動觀眾的心、掌控人物，讓觀眾愛欲其生、恨之欲其

〔註2〕語出陳龍廷，《發現布袋戲——文化生態・表演文本・方法論》（高雄：春暉出版社，2010年2月），頁166～167。

〔註3〕「嶄頭」（tsām-thâu），指「段落」，即有頭尾的完整段落；帶有裁戲之意味。

死的情緒反應。然而，當前的演出機會已大不如前；同樣地，演師的學習環境亦然，更遑論能向師輩們學習到更多的技藝精髓或藝術精神。綜觀之，目前能繼續堅持在此行業之主演者，大多還是「家傳」的因素居多。也只能由家傳事業的延續，才能激發年輕一輩的主演們來承傳此藝術，但重點是各家派別的藝術美學，卻也未因此而提升，反呈現每況愈下之窘境。故當前將布袋戲藝術推向更精緻化的製作，儼然也將成爲一種走向；而加入了新觀念、融入現代編、導的新手法，讓這項藝術分工的更精確，或許能讓主演更專注於演出上的表現，發揮的更得心應手。這也是現代主演者所要適應與磨練的工作。

爲因應新時代的考驗，資深的主演已習慣往常「做活戲」，公式化的臨場即興發揮演出模式，顯然無法適應較爲精深細密、有所本的製作模式。這也正是對於年輕一代的主演者所需面對的新挑戰與嘗試。國家文藝基金會所推行辦理的「布袋戲製作及發表專案」，雖然才僅僅三年（屆），卻也凸顯了國內布袋戲劇場化編、導人才之不足。經觀察，布袋戲從業人員要去接受排戲、磨戲、關目的濃縮，以及重新認識舞台區位、走位等新概念，確是有段磨合期與適應期。編劇、導演的加入，這就如同早期「排戲先生」的參與一樣，首先有待於兩方面得先建立起相互的信任感。「主演」在布袋戲中確是有其歷地位與重要價值，但面臨時代的變化，這又何嘗不是一種新的學習。

本論文第四部分談論的是主演的表演技藝與成就，以在舞台上與主演有關係的各項元素來分析主演的重要職能與技巧。主演者利用口白來讓戲偶有了靈魂、有了情緒，而口白的呈現，乃是主演藉由各種不同人物的聲音來傳達這些柴頭尫仔的情感，這些都有賴於主演與生俱來的天賦（音質、音色），以及平日自我修爲的技巧，才能展現其口技般的嘴上工夫。其次是主演與助手（助演）間的配合，其實操偶技術本來就是主演者學習過程的必經之路，有此經驗與訓練，更能讓戲偶在舞台有其生命，因此操偶師與主演者之間的搭配，更是一場成功演出的重要關鍵。現在常見大場面的演出中，主演大多脫離了既得講口白、又要操偶的雙重責任，反而直接站舞台前，當著觀眾面前講口白，把後台空間完全的讓給了操偶師（助演）們。這種演出形式尤其在中、南部，儼然成了民眾觀戲的習性。在訪談的過程中，有戲班主演向筆者談此經驗，主演曾再試著於幕後方式講口白，反而遭到請家（請主）與觀眾的質疑，不習慣沒看到主演者當著觀眾面前講口白的表演方式，更誤會現場的口白是錄音的，而斷了戲路。由此可見，主演不一定得身兼二職，既講口白又得操偶。觀眾直接看著主演當面講起口白，反而亦成了看戲的一環。

然而，後場音樂也是主演者所必需通盤熟悉的，主演與音樂人員的配合，全藉由彼此間的默契與暗號，音樂不僅能烘托氣氛，亦能輔助主演對於人物情緒的表達，讓主演的情感更豐滿。同時，助演與後場音樂人員也能彌補主演場上的時間控制，讓主演更有思考的緩衝時間，以保有體力與聲音，讓戲齣臻更為完善。此外，主演對於場上布景與特效的運用，亦可以增加、強化場上的感官效果，更達演出上的創造性與趣味性。

最後，還是得提到每位布袋戲主演的資質是各有不同，當然這也會影響到主演者個人的演出風格。這也是每位主演者應有的自知，自己的本質是擅長「三大戲」類型、抑是「三小戲」類型。這都是因主演著本身音質、音域、氣口（khùi-kháu），及其生理狀況，而有所區別，當然還是可以靠勤練以補不足之處。主演者有其自我的了解，當然就更容易掌握發揮出自己的特色。一位成功的主演對於整體表演的重要性，不但能賦予角色生命，演繹膾炙人口的故事，更能掌控到整體演出的氛圍，尤其前輩主演們，更懂得揚長避短，加上個人的努力而樹立了良好的口碑，這些成就都是新一輩主演者最佳的學習目標。也由於前輩主演者的努力，才能為臺灣布袋戲寫下一頁頁的歷史，這也是年輕主演所努力的方向。

貳、當前之侷限及未來的展望

本論文主要是以討論布袋戲主演在演出上所占的重要性，在追溯前輩技藝是一種回顧，往前看是一種展望未來的期待。但本論文所論及之處，依然還是存有許多的侷限性，或筆者未及注意到的枝節問題存在。

一、必有遺珠之憾

當代主演者之眾，不勝枚舉，筆者個人之見識實屬有限，取樣未能完全達到全面性，就僅能取少數具特殊性又兼共通性的主演者，採取較為宏觀的角度來加以介紹、分析與討論，或許對於尚未提及者難免有遺珠之憾；或者有忽略之細節無法關注，但這並不代表未被提到的主演就乏其重要性，畢竟臺灣的布袋戲史，是歷代不同時期的主演所共構而成的。故本論文議題，是可以容後持續地觀察、研究，或許還會有更多的發現。

二、記錄本土表演藝術之難處

表演是一種動態的行為，較難以用文字來概括形容，尤其是每位主演是有其特色，各派藝術又各有表演風格。而談論表演藝術更是見仁見智，論述者不能有過太主觀的思維，也不能主觀性的給藝人下註解、或特立名號。特別是本論文所討論的對象是「本土」藝人，最大的瓶頸就在於語言的表達，受訪的民間藝人所用的言詞大多是直率的，當下鮮少會經過太多修飾後才回應所問。因此，與藝人的訪談當然是採取最直接、最能貼近藝人習慣的閩南語（臺語）來進行訪談。然重點是每個藝人也各有其講話的習慣與態度，故在論文的呈現上曾一度產生用字上的矛盾。本意乃試圖盡以呈現藝人談話最自然的語彙，亦從中多少可以看出藝人的性格與當下的思維。但在記錄上卻常發生找不到可表達其音的文字，而使得用字稍顯紊亂，這也是在本論文在記錄上的難處之一。

然綜觀當代臺灣布袋戲的各主演，在技藝上的水準參差不齊，這除了受到整個環境變遷的影響所致是最大因素之外，在演師個人的修為與素養亦是原由所在。況當代的演出環境已不如往昔興盛，雖然師徒傳承制度的改變下，塑造出來的新的演師，其演技不一定都不好，但布袋戲表演藝術水平的普遍降低卻是事實。〔註4〕其實，師徒承傳的戲齣，不見得就因為老掉牙而缺乏創作的可能性，尤其是戒嚴時代臺灣大部分的掌中戲班，大多僅能搬演歷史演義，雖然內容幾乎大都是固定不變，但也可能存在一種足以讓主演者自由發揮的縫隙空間。這種布袋戲生命力的來源，最值得長期關注。〔註5〕

老一輩布袋戲主演舞台生命力的泉源，就是靠著當下觀眾的反應態度，所賦予即興「做活戲」的創作動力。藉由主演者的自覺性與積極性，而塑造一個個讓觀眾又愛又恨的角色、創作出一齣齣讓觀眾看了欲罷不能的好戲，這也是時代環境所反映的現象。隨著現代娛樂媒介的多元化，確實是影響了布袋戲的活動場域，市場萎縮，演出機會變少的狀況下，即便是藝高的主演者也是無從伸展其技。從另一個角度說，臺灣布袋戲傳統的即興創作模式，也正面臨現代情勢的考驗。

從當前布袋戲班的演出形式看來，不乎外就是維持生計的「民戲」演出，

〔註4〕江武昌，〈光復後臺灣布袋戲的發展〉，《民俗曲藝》第71期（臺北：財團法人施合鄭民俗文化基金會，1991年5月），頁66～67。

〔註5〕陳龍廷，〈從籠底戲到金剛戲：論布袋戲的典型場景〉，《戲劇學刊》第12期（亞洲劇場專輯）（臺北：國立臺北藝術大學戲劇學院，2010年7月），頁76。

這種形式雖依然藉由主演者即興的口白，姑且視爲當前一種「傳統形式」的作爲，其所呈現的素質卻是良莠不齊。除了是以例行性的廟會功能，與請主之間達成應盡的義務外，在藝術的層面的效益，可能僅剩的價值就是訓練新一輩主演技藝的唯一舞台。已鮮少從民戲的演出中可以發現好的新創作品，似乎已漸失去其藝術表現的功能。另一種形式則是自 80 年代衍生出來的「文化場」演出。

但從目前所見的這兩種演出型態並存的情況下，略可看出臺灣的布袋戲主演，年輕一輩與老一輩的慣性模式，已逐漸明顯地被區分。由於年輕一輩已漸缺少了做活戲的磨鍊機會，即便是學了師輩的技藝，充其量而言也僅是一種片段、零碎的拼湊，較難完全的吸收到傳藝的精髓。所呈現的也只是在一種「概念」下的技藝表現而已。因此，若有其「教材」式（如：劇本或錄音、錄影）的給予學習模仿，對他們而言就已是一種學藝的成果了。故若逢「文化場」要求須有劇本、有字幕，甚至得有排戲（練）等配合事項，都也能欣然接受。但這種要求若對於老一輩的主演者而言，認爲這對主演者就是一種束縛，不免引來的就是抱怨與排斥的聲音。因爲他們已習慣在演出現場「主演」就是統馭一切、演出當下即興創作就是發揮自己最大的功力。

因此，在當前的演出環境下，對於訓練現在年輕一輩的主演是否就是一種危機呢？其實在年輕一輩的主演還是有很多是資質不錯，與生俱來一口好音色（五音），但聽其講起口白來，確又宛如在「唸」劇本般地感覺不到做戲的「戲氣」（hì-khùi）〔註 6〕，比起老一輩的主演光一開口唸起「四聯白」，那「氣口」（khùi-kháu）自然而然就浮現。歸咎其因，就是與「鑼鼓」有著莫大的關係。傳統老一輩的主演，在習藝的過程中早已經過鑼鼓點的薰陶，對於台上的節奏感也早就深烙腦海，故而講起口白自然就落在每一個點上。而年輕的主演已鮮少有此訓練的環境，加上臨場經驗累積的機會變少，難免也就一代不如一代。很難想像年輕輩的主演能出現幾位可控制全場，有主導能力者，以及對於戲齣關目能有熟稔、靈活的編排功力者。

當然，不論時代如何的變遷，觀眾還是最大的老闆，主演者還是須迎合觀眾，投其所好，誘以新奇，又得有符合現代人思維模式的創意，但又不能完全拋棄傳統美學的包袱，這也是當下布袋戲主演所要面臨的最大考驗。現代化的創作除了新鮮感外，講求的就得要有內涵，好的作品已不再僅是

〔註 6〕「戲氣」（hì-khùi），即作戲的味道、演戲的感覺。

讓觀眾感動而已，重要的是如何表達想法，方能觸動觀眾的思維，才會有所共鳴，即便是舊有的題材也要能新的詮釋。尤其對於現代年輕主演在當前的演出環境下，是得重新思考如何開創一條屬於自己、適合自己演出風格的道路。

從本論文所探討的當代布袋戲主演，在在可看出主演者於布袋戲藝術中的重要功能與地位。無論環境如何的變異，在布袋戲的演出中主演絕對是不可缺席的重要人物；而這些前輩主演的習藝過程與演出成就都是可做為現代年輕人的學習參考。但既生長在這個年代的主演者，還是得能適應多元化的戲劇生態，多方嘗試新創作概念與演出模式，不僅可以與時代接軌，還能提昇演出品質，是可多加考量的努力方向。無論各種戲劇的演出製作，其精緻的作品也都是來自於各項專業的細膩分工，以臻完美的呈現，相信這也是布袋戲藝術工作者最大的期盼。

此外，於 80 年代中、小學校提倡「本土民俗技藝」教學，許多學校也紛紛成立布袋戲社團，聘請專業的布袋戲藝人到校做布袋戲教學。從目前各布袋戲劇團申請文化場的簡歷中，洋洋灑灑列了曾任教某某國中或國小的布袋戲教師。這也不難看出這種現象在這演出機會日益變少的時刻，多少提供了布袋戲藝人找到了一些出口。但幾乎呈現的大多是以教授「傳統戲偶」為主。當然這也考量到小學生操作大一點的戲偶是吃力些，且畢竟傳統的東西還是最為根本。惟問題的浮現，就在於學校所找的布袋戲教師之專業素質問題，某些授課的藝人從學藝的過程到從事舞台的演出，並非操作的是傳統戲偶之專業。再者，學生畢業後會持續留於學習此藝術者又所剩多少？並非每一個學生都能像本論文第一章第一節所提到的黃僑偉那麼幸運。安排此課程的目的，若僅是讓學生們在成長過程中有過一段值得回憶童年的話，那就遑論是布袋戲的「傳承」了。另在大學的校園裡，亦可見有「地方戲曲社」、「布袋戲社」、「歌仔戲社」、「崑曲社」等社團之成立，也培養出不少愛好傳統戲曲的大學生，畢業後仍然熱衷於此傳統藝術，甚至集結同好成立劇團公開演出，如歌仔戲的「春風歌劇團」等。唯布袋戲方面看到成效最顯著的還是「霹靂布袋戲」的愛好者而已。這種種現象都是值得吾人深思、嚴肅以待的。

參考文獻

一、古　籍

1. 〔明〕陸西星，《封神演義》，臺北：三民書局股份有限公司，1991 年。
2. 〔清〕錢彩，《說岳全傳》，上海；文明書局，1925 年。
3. 〔清〕李斗，《揚州畫舫錄》，臺北；世界書局，1963 年。
4. 〔清〕夏敬渠，《野叟曝言》，臺北；世界書局，1983 年。
5. 〔清〕周學曾等纂，胡之鋘修，《晉江縣志》，福州：福建人民出版社，1990 年。

二、專　書

1. 丁言昭，《中國木偶史》，上海：學林出版社，1991 年。
2. 王安祈，《傳統戲曲的現代表現》，臺北：里仁書局，1996 年。
3. 王安祈，《當代戲曲》，臺北：三民書局，2002 年。
4. 王嵩山，《扮仙與作戲》，臺北：稻鄉出版社，1988 年。
5. 王景賢、白勇華，《指掌乾坤——精彩絕倫木偶戲》，福建：海潮攝影藝術出版社，2006 年。
6. 王蘊明，《當代戲劇審美論集》，北京：文化藝術出版社，1990 年。
7. 今道友信編、李心峰譯，《美學的方法》，北京：文化藝術出版社，1990 年。
8. 中國音樂家協會、中國戲劇家協會編，《論戲曲音樂》，上海：中國戲劇出版（滬），1983 年。
9. 石光生，《尋找南臺灣傀儡戲生命力》，臺北：國立傳統藝術中心籌備處，2000 年。

10. 石光生、王淳美，《屏東布袋戲的流派與藝術》，宜蘭：國立傳統藝術中心，2007 年。
11. 石光生，《跨文化劇場：傳播與詮釋》，臺北：書林出版有限公司，2008 年。
12. 石光生，《鍾任壁——布袋戲的傳承與技藝》，臺中：行政院文化建設委員會文化資產總管理處籌備處，2009 年。
13. 石光生，《臺灣傳統藝曲劇場文化：儀式・演變・創新》，臺北：五南圖書出版股份有限公司，2013 年。
14. 白勇華、洪世鍵，《南派布袋戲》，杭州：浙江人民出版，2012 年。
15. 田志平，《戲曲舞台形態》，北京：文化藝術出版社，2008 年。
16. 江武昌，《懸絲牽動萬般情——臺灣的傀儡戲》，臺北：臺原出版社，1990 年。
17. 江武昌，《臺灣布袋戲的認識與欣賞——一口說出千古事　十指弄成百萬兵》，臺北：國立臺灣藝術教育館，1992 年。
18. 江武昌，《臺灣布袋戲的認識與欣賞》，臺北：國立臺灣藝術教育館，1995 年。
19. 老舍，《老舍論創作》，上海市：上海文藝出版社，1980 年。
20. 任半塘，《唐戲弄》，臺北：漢京文化事業公司，1985 年。
21. 朱光潛，《西方美學史》(上、下卷)，北京：人民文學出版社，1979 年。
22. 呂訴上，《臺灣電影戲劇史》，臺北：銀華出版部，1961 年。
23. 呂理政，《布袋戲筆記》，臺北：臺灣風物雜誌社，1991 年。
24. 余笑予，《戲曲導演技法談》，北京：中國戲劇出版社，1993 年。
25. 余篤剛，《聲樂藝術美學》，北京：高等教育出版社，1993 年。
26. 李惠綿，《戲曲批評概念史考論》【增訂本】，臺北：國家出版社，2009 年。
27. 李紫貴等人，《戲曲導曲技巧》，武漢：湖北省戲曲學校編印，1984 年。
28. 李紫貴，《李紫貴戲曲表導演藝術論集》，劉乃崇編，北京：中國戲劇出版社，1992 年。
29. 李昌敏，《湖南木偶戲》，湖南：湖南人民出版社，1984 年。
30. 李普斯、戴納著、陳永麟譯，《美學概論與藝術哲學》，臺北：正文書局，1971 年。
31. 李殿魁、薛湧，《功名歸掌上　布袋戲演春秋——臺北市布袋戲發展史》，臺北：臺北市政府文化局，2012 年。
32. 李傳燦口述、吳正德撰文，《李天祿布袋戲叢書圖像類》，臺北：李天祿布袋戲文教基金會，1998 年。

33. 沈平山，《布袋戲》，自行出版（出版人：葉利），1986 年。
34. 沈惠如，《從原創到改編——戲曲編劇的多重對話》，臺北：國家出版社，2006 年。
35. 吳立萍、董逸華、蔡亞倫，《戲說人生》，臺北：慈濟傳播文化志業基金會，2006 年。
36. 吳正德，《傳統布袋戲前場輔助教材》，臺北：西田社布袋戲基金會，1991 年。
37. 吳明德，《臺灣布袋戲表演藝術之美》，臺北：臺灣學生書局，2005 年。
38. 吳毓華，《古代戲曲美學史》，北京：文代藝術出版社，1994 年。
39. 吳毓華，《戲曲美學論》，臺北：國家出版社，2005 年。
40. 阿甲，《戲曲表演規律再探》，北京：中國戲劇出版社，1990 年。
41. 邱一峰，《臺灣的皮影戲》，臺北：國立傳統藝術中心籌備處，1998 年。
42. 邱坤良，《民間戲曲散記》，臺北：時報文化出版事業有限公司，1979 年。
43. 邱坤良，《野台高歌》，臺北：皇冠出版社，1980 年。
44. 邱坤良，《中國傳統戲曲音樂》，臺北：遠流出版事業股份有限公司，1981 年。
45. 邱坤良，《現代社會的民俗曲藝》，臺北：遠流出版事業股份有限公司，1983 年。
46. 邱坤良，《舊劇與新劇——日治時期臺灣戲劇之研究（1895～1945）》，臺北：自立晚報社文化出版部，1992 年。
47. 邱坤良，《臺灣劇場現場》，臺北：玉山社出版事業股份有限公司，1997 年。
48. 邱坤良，《臺灣劇場與文化變遷——歷史記憶與民眾觀點》，臺北：臺原出版社，1997 年。
49. 邱坤良，《陳澄三與拱樂社——台灣戲劇史的一個研究個案》，宜蘭：國立傳統藝術中心籌備處，2001 年。
50. 邱坤良，《眞情活歷史——布袋戲王黃海岱》，臺北：INK 印刻出版有限公司，2007 年。
51. 邱坤良，《移動觀點：藝術．空間．生活戲劇》，臺北：九歌出版社，2007 年。
52. 邱坤良，《飄浪舞台——臺灣大眾劇場年代》，臺北：遠流出版事業股份有限公司，2008 年。
53. 邱武德，《金光啓示錄》，臺北：發言權出版社，2010 年。
54. 邱莉慧主編，《李天祿——光影傳神．亦宛然》，臺北：臺北市立社教館，2010 年。

55. 孟瑤，《中國戲曲史》（第一～四冊），臺北：傳記文學出版社，1991 年。
56. 林安寧，《「雲州大儒俠——史豔文」》圖鑑典藏特集，臺北：遠流出版社，1999 年。
57. 林保堯主編，《布袋戲——李天祿藝師口述劇本集》一～十冊，教育部出版，國立藝術學院傳統藝術中心策劃編輯，1995 年。
58. 林明德，《阮註定是搬戲的命》，臺北：時報文化出版公司，2003 年。
59. 林明德、吳明德，《戲海女神龍——真快樂．江賜美》（新北市口述歷史），新北市：新北市政府文化局，2011 年。
60. 林明德，《典藏——小西園偶戲藝術》，臺北市：中華民俗藝術基金會，2012 年。
61. 林皎宏，《淺談掌中戲》，臺北：臺灣省立博物館出版部，1989 年。
62. 林茂賢，《福爾摩沙之美——臺灣傳統戲劇風華》，臺中：行政院文建會中部辦公室，2000 年。
63. 林勃仲、劉還月，《變遷中的台閩戲曲與文化》，臺北：臺原出版社，1990 年。
64. 林衡道主編、臺灣省文獻委員會編，《臺灣史》，臺北：眾文圖書股份有限公司，2004 年。
65. 林鋒雄，《中國戲劇史論稿》，臺北：國家出版社，1995 年。
66. 林鶴宜，《臺灣戲劇史》，臺北：國立空中大學，2003 年。
67. 林慶熙、鄭清水、劉湘如等編註，《福建戲史錄》，福州：福建人民出版社，1983 年。
68. 姚一葦，《美的範疇論》，臺北：臺灣開明書局，1978 年。
69. 姚一葦，《戲劇論集》，臺北：臺灣開明書店，1988 年。
70. 姚一葦，《戲劇原理》，臺北：書林出版公司，1992 年。
71. 姚一葦，《審美三論》，臺北：臺灣開明書局，1993 年。
72. 姚文放，《中國戲劇美學的文化闡述》，北京：中國人民大學出版社，1997 年。
73. 胡經之，《中國現代美學叢編》，北京：北京大學出版社出版，1987 年。
74. 洪淑珍，《巧成真布袋戲偶藝術》，臺中：晨星山版有限公司，2009 年。
75. 姜龍昭，《戲劇編寫概要》，臺北：五南圖書出版有限公司，1991 年。
76. 亞里斯多德（*Aristotle*），《詩學箋註》，姚一葦譯，臺北：臺灣中華書局，1992 年。
77. 亞理斯多德（*Aristotle*），《亞理斯多德《創作學》譯疏》，王士儀譯注，臺北：聯經出版，2003 年。
78. 高宇，《古典戲曲導演學論集》，北京：中國戲劇出版社，1985 年。

79. 高行健，《沒有主義》，香港：天地圖書有限公司，1996 年。
80. 莫光華，《臺灣各類型地方戲劇》，臺北：南天書局，1999 年。
81. 徐亞湘，《日治時期中國戲班在臺灣》，臺北：南天書局，2000 年。
82. 徐亞湘，《日治時期臺灣戲曲史論——現代化作用下的劇種與劇場》，臺北：南天書局有限公司，2006 年。
83. 徐亞湘，《史實與詮釋——日治時期台灣報刊戲曲資料選讀》，宜蘭：國立傳統藝術中心，2006 年。
84. 徐國芳主編，《臺灣生活館：偶戲之美》，臺北：國立歷史博物館，2007 年。
85. 唐雅君、黃立綱，《黃俊雄布袋戲——射雕英雄傳之群星會》，臺北：遠流出版公司，1999 年。
86. 孫惠柱，《戲劇的結構：敘事性結構和劇場性結構》，臺北：書林出版有限公司，1994 年。
87. 財團法人中華民俗藝術基金會編，《1999 國際偶戲節活動專輯——偶戲乾坤》，雲林：雲林縣立文化中心，1999 年。
88. 陳木杉，《雲林縣布袋戲發展史暨布袋戲宗師黃海岱傳奇》，臺北：臺灣學生書局，2000 年。
89. 陳正之，《掌中功名——臺灣的傳統偶戲》，臺中：臺灣省政府新聞處，1991 年。
90. 陳正之，《草台高歌——臺灣的傳統戲劇》，臺中：臺灣省政府新聞處，1993 年。
91. 陳正義，《認識傳統布袋戲》，屏東：屏東縣立文化中心，1993 年。
92. 陳先祥，《戲曲表導演淺談》，上海：上海文藝出版社，1982 年。
93. 陳芳主編，《台灣傳統戲曲》，臺北：臺灣學生書局，2004 年。
94. 陳瑞統編，《泉州木偶藝術》，廈門：鷺江出版社，1986 年。
95. 陳德溥，《審美心理與編劇技巧》，北京：中國戲劇出版社出版，1988 年。
96. 陳斐雯，《霹靂英雄大補帖——最喜愛的布袋戲人物》，臺北：時報文化出版公司，1997 年。
97. 陳健銘，《野台鑼鼓》，臺北：稻鄉出版社，1989 年。
98. 陳義敏、劉峻驤主編，《中國曲藝・雜技・木偶戲・皮影戲》，北京：文化藝術出版社，1999 年。
99. 陳龍廷，《臺灣布袋戲發展史》，臺北：前衛出版社，2007 年。
100. 陳龍廷，《聽布袋戲——一個臺灣口頭文學研究》，高雄：春暉出版社，2008 年。

101. 陳龍廷，《發現布袋戲——文化生態・表演文本・方法論》，高雄：春暉出版社，2010 年。

102. 陳龍廷，《聽布袋戲尫仔唱歌：1960～70 年代臺灣布袋戲的角色主題歌》，臺北：國立傳統藝術中心臺灣音樂館，2012 年。

103. 陳龍廷，《臺灣布袋戲創作論——敘事・即興・角色》，高雄：春暉出版社，2013 年。

104. 許子漢，《明傳奇排場三要素發展歷程之研究》，臺北：國立臺灣大學出版委員會，1999 年。

105. 許極燉，《臺灣近代發展史》，臺北：前衛出版社，1996 年。

106. 郭亮，《戲曲導演學概論》，長沙：湖南人民出版社，1982 年。

107. 郭吉清主編，《掌中乾坤——高雄布袋戲春秋》，高雄：高雄市立歷史博物館，2005 年。

108. 郭端鎮，《重要藝師生命史（IV）布袋戲：李天祿藝師》，臺北：教育部，1998 年。

109. 郭端鎮，《掌藝游俠——陳錫煌生命史》，臺北：臺北市政府文化局，2010 年。

110. 高雄市立歷史博物館，〈布袋戲的精華——腳（劇）本〉，《掌中乾坤——高雄市布袋戲春秋》，高雄：高雄市立歷史博物館，2005 年。

111. 陸侃如、馮沅君合著，《南戲拾遺》（燕京學報專號之十三），北京：哈佛燕京學社出版，1936 年。

112. 國立傳統藝術中心，《黃強華、黃文擇與霹靂布袋戲》，臺北：中國時報系時廣企業有限公司，2003 年。

113. 國立傳統藝術中心，《許國良與小西園》，臺北：中國時報系時廣企業有限公司，2003 年。

114. 國立藝術學院傳統藝術研究中心策劃編輯，《布袋戲：李天祿藝師口述劇本集》（10 冊），臺北：教育部，1995 年。

115. 國立藝術學院傳統藝術研究中心執行編輯，《布袋戲：布袋戲圖錄》，臺北：教育部，1996 年。

116. 焦桐，《臺灣光復後初期的戲劇》，臺北：臺原出版社，1990 年。

117. 曾永義，《說民藝》，臺北：幼獅文化事業公司，1987 年。

118. 曾永義，《詩歌與戲曲》，臺北：聯經出版事業公司，1988 年。

119. 曾永義，《我國的傳統戲曲》，臺北：國立傳統藝術中心籌備處，1998 年。

120. 曾永義，《戲曲經眼錄》，臺北：財團法人中華民俗藝術基金會，2002 年。

121. 曾永義，《戲曲與歌劇》，臺北：國家出版社，2004 年。
122. 曾永義，《戲曲與偶戲》，臺北：國家出版社，2013 年。
123. 曾西霸譯，Syd Field 著，《實用電影編劇技巧》，臺北：遠流出版事業公司，1993 年。
124. 李天祿口述、曾郁雯撰錄，《戲夢人生——李天祿回憶錄》，臺北：遠流出版事業公司，1991 年。
125. 曾祖蔭，《中國古代美學範疇》，臺北：丹青圖書公司，出版日期不詳。
126. 曾素月，《新莊地區布袋戲藝文資源調查：戲館巷的風華再現》，新北市：新莊市公所，2006 年。
127. 張庚，《戲曲藝術論》，臺北：丹青圖書有限公司，1987 年。
128. 張庚、郭漢城主編，何爲副主編，《中國戲曲通論》，上海：上海文藝出版社，1989 年。
129. 張庚、郭漢城，《中國戲曲通史》（1～3），臺北：丹青圖書公司，出版日期不詳。
130. 張庚、蓋叫天，《戲曲美學論文集》，臺北：丹青圖書公司，出版日期不詳。
131. 張本楠，《王國維美學思想研究》，臺北市：文津出版社，1992 年。
132. 張溪南，《黃海岱及其布袋戲劇本研究》，臺北：臺灣學生書局，2004 年。
133. 張覺明，《電影編劇》，臺北：揚智文化事業股份有限公司，1992 年。
134. 黃少龍，《泉州傀儡藝術概述》，北京：中國戲劇出版社，1996 年。
135. 黃少龍、王景賢，《泉州提線木偶戲》，浙江：浙江人民出版社，2007 年。
136. 黃秀春，《細說臺灣布袋戲》臺北：國立歷史博物館，2006 年。
137. 黃俊雄等，《掌上風雲一世紀——黃海岱的布袋戲生涯》，臺北：印刻出版有限公司，2007 年。
138. 黃春秀，《布袋戲藝術美術研究》，臺北：文史哲出版社，1997 年。
139. 黃春秀，《神奇的布袋戲——文物口袋書》，臺北：國立歷史博物館，2000 年。
140. 黃強華，《聖石傳說——電影全記錄》，臺北：霹靂新潮社，1999 年。
141. 黃強華，《霹靂寶典：第一部》，臺北：霹靂新潮社，2002 年。
142. 黃強華，《霹靂造型達人書：創新布袋戲文化的打造之路》，臺北：霹靂新潮社，2007 年。
143. 童道明，《現代西方藝術美學文集》，遼寧：春風文藝出版社，1989 年。
144. 童道明，《戲劇美學》，臺北：洪葉文化事業有限公司，1993 年。

145. 董同龢，《漢語音韻學》，臺北：文史哲出版社，1977 年。

146. 傅謹，《戲曲美學》，北京：文津出版社，1995 年。

147. 傅建益，《掌中乾坤——臺灣野台布袋戲現貌》，臺北：國立傳統藝術中心籌備處，2000 年。

148. 奚淞、王秋香編輯，《布袋戲特輯》，臺北：雄獅美術月刊社，1976 年。

149. 楊渡，《日據時期臺灣新劇運動（1923～1936）》，臺北：時報文化出版公司，1994 年。

150. 楊辛、甘霖，《美學原理》，北京：北京大學出版社，1993 年。

151. 楊蔭瀏，《語言與音樂》，臺北：丹青圖書有限公司，1988 年。

152. 楊蔭瀏、孫從音、武俊達等，《語言與音樂》，北京：人民音樂出版社，1983 年。

153. 葉長海，《戲劇發生與生態》，臺北：駱駝出版社，1990 年。

154. 葉益成，《木偶奇緣——布袋戲之美》，臺北：商訊文化事業股份有限公司，2009 年。

155. 劉禎，《民間戲劇與戲曲史學論》，臺北：國家出版社，2005 年。

156. 劉彥君，《從傳統到現代——戲曲本質論集》，臺北：國家出版社，2009 年。

157. 劉琢瑜，《怎樣唱好戲》，臺北：秀威資訊科技股份有限公司，2006 年。

158. 劉還月，《風華絕代掌中藝——臺灣的布袋戲》，臺北：臺原出版社，1990 年。

159. 蔡欣欣，《臺灣戲曲研究成果述論（1945～2001）》，臺北：國家出版社，2006 年。

160. 蔡紫珊、簡秀珍，《台灣偶戲走向世界舞台——班任旅東遊記》，宜蘭：國立傳統藝術中心，2007 年。

161. 霍嘉茲著、楊成寅譯，《美的分析》，臺北：丹青圖書有限公司，1987 年。

162. 謝中憲，《台灣布袋戲發展之研究》，臺北：稻鄉出版社，2009 年。

163. 謝中憲，《雲林布袋戲誌》，雲林：雲林縣政府文化處，2011 年。

164. 謝德錫，《五洲園——黃海岱》（西田社老藝人史料彙編之二），臺北：西田社布袋戲基金會，1991 年。

165. 謝德錫，《臺灣布袋戲》，臺北：稻田出版公司，2000 年。

166. 謝德錫，《戲說布袋——掌中乾坤》，臺北：台北市政府教育局，2000 年。

167. 戴月芳、羅吉甫主編，《臺灣全記錄》，臺北：錦繡出版社，1990 年。

168. 韓幼德，《戲曲表演美學探索》，臺北：丹青圖書有限公司，1987 年。
169. 譚達先，《中國民間戲劇研究》，臺北：臺灣商務印書館，1988 年。
170. 薛沐，《戲曲導演概論》，浙江：中國美術學院出版社，1994 年。
171. 蘇桂枝，《國家政策下京劇歌仔戲之發展》，臺北：文史哲出版社，2003 年。
172. 蘇國榮，《中國劇詩美學風格》，臺北：丹青圖書有限公司，1987 年。

三、研究報告書

1. 江武昌，《員林新樂園掌中劇團北管布袋戲及重要藝師吳清發紀錄保存計畫》期末報告書（未出版），宜蘭：國立臺灣傳統藝術總處籌備處，2009 年。
2. 石光生，《屏東縣祝安、金樂閣、復興社掌中劇團傳承體系與發展概況》，國立傳統藝術中心籌備處九十年度傳統戲劇組保存研究成果報告書，宜蘭：國立傳統藝術中心籌備處，2001 年。
3. 宜蘭縣立文化中心編，《臺灣戲劇中心研究規劃報告》，臺北：行政院文化建設委員會印行，1988 年。
4. 宜蘭縣立文化中心，《臺灣戲劇館專輯》（蘭陽戲劇叢書），宜蘭：宜蘭縣立文化中心，1993 年。
5. 桃園縣立文化中心編，《桃園縣本土戲曲，音樂團體調查計畫》，桃園：桃園縣立文化中心，1995 年。
6. 桃園縣立文化中心編，《桃園縣傳統戲曲與音樂錄影保存及調查研究計畫》，桃園：桃園縣立文化中心，1996 年。
7. 財團法人中華民俗藝術基金會編，《1999 國際偶戲學術研討會論文集》，雲林縣立文化中心，1999 年。
8. 財團法人中華民俗藝術基金會編，《2004 雲林國際偶戲節學術研討會論文集——臺灣偶戲藝術》，雲林：雲林縣政府，2004 年。
9. 財團法人中華民俗藝術基金會，《臺灣布袋戲與傳統文化創意產業研討會論文集》，宜蘭：國立傳統藝術中心，2005 年。
10. 陳金次主持，西田社布袋戲基金會，《女頭手》（臺灣布袋戲女演師的研究與調查成果報告書），宜蘭：國立傳統藝術中心，1997 年。
11. 陳秀娟，〈南投地區民間傳統技藝與藝能現況〉，《中國民間傳統技藝訪查報告》，臺北：教育部社會教育司，1982 年。
12. 國立傳統藝術中心籌備處，《兩岸戲曲回顧與展望研討會論文集》，臺北：國立傳統藝術中心籌備處，2000 年。
13. 曾永義，《布袋戲「五洲園」黃海岱技藝保存案》，宜蘭：國立傳統藝術中心籌備處，1998～1999 年。

四、學位論文

1. 丁士芳，《電視布袋戲「霹靂狂刀」之性別論述分析》，臺北：淡江大學大眾傳播學研究所碩士論文，2000 年 6 月。
2. 王怡文，《木頭有靈能做我空心無奈寄人行——臺灣布袋戲偶中生角的造型研究》，彰化：國立彰化師範大學藝術教育研究所碩士論文，2005 年 6 月。
3. 宋丁儀，《消費社會的閱聽人——以霹靂布袋戲迷爲例》，臺北：國立政治大學新聞學研究所碩士論文，2002 年 6 月。
4. 巫裕雄，《南投新世界陳俊然布袋戲「南俠」之研究——以《南俠（沒價值的老人）》爲研究對象》，臺北：國立台北大學民俗藝術研究所碩士論文，2010 年 1 月。
5. 呂聰文，《布袋戲偶花園頭之研究》，臺北：國立台北大學民俗藝術研究所碩士論文，2004 年 6 月。
6. 李昀穎，《台南地區廣播布袋戲的研究》，臺南：國立成功大學藝術研究所碩士論文，2007 年 6 月。
7. 杜建霖，《大學布袋戲社團學生偶像認同與自我概念之相關研究》，彰化：大葉大學休閒事業管理研究所碩士論文，2007 年 6 月。
8. 吳明德，《臺灣布袋戲的表演藝術研究——以小西園掌中戲、霹靂布袋戲爲考察對象》，臺北：國立臺灣師範大學國文研究所博士論文，2003 年 6 月。
9. 吳進榮，《霹靂國際多媒體創新專案與核心能力累積之研究》，臺北：輔仁大學管理學研究所碩士論文，2003 年 6 月。
10. 吳麗蘭，《臺灣宜蘭地區懸絲傀儡戲研究》，臺北：文化大學藝術研究所碩士論文，1978 年 6 月。
11. 金清海，《台閩地區傀儡戲比較研究》，高雄：高雄師範大學國文系博士論文，2002 年。
12. 林文懿，《時空遞嬗中的布袋戲文化》，臺北：輔仁大學大眾傳播學研究所碩士論文，2000 年 6 月。
13. 林美慧，《霹靂布袋戲人物上場詩研究》，高雄：國立高雄師範大學國文教學碩士論文，2004 年 6 月。
14. 林美鷺，《光復後臺灣地方戲劇演出情形與社會轉型關係初探（1945～1970）——以東華皮影戲團、新興閣掌中劇團、拱樂社爲例》，嘉義：中正大學歷史研究所碩士論文，1996 年 6 月。
15. 林盟傑，《文化變遷下的布袋戲玩具變貌》，桃園：中原大學商業設計研究所碩士論文，2003 年 6 月。
16. 林曉瑛，《臺灣亂彈戲劇本研究五題》，桃園：國立中央大學中國文學研究所博士論文，2010 年 1 月。

17. 邱一峰，《閩台偶戲研究》，臺北：國立政治大學中國文學研究所博士論文，2004 年 6 月。
18. 洪盟凱，《從史豔文到素還眞：霹靂布袋戲之文化變貌》，臺北：輔仁大學大眾傳播學研究所碩士論文，2002 年 6 月。
19. 洪淑珍，《臺灣布袋戲偶雕刻之研究：以彰化「巧成眞」爲考察對象》，臺北：國立臺北大學民俗藝術研究所碩士論文，2004 年 6 月。
20. 柯世宏，《南管布袋戲《陳三五娘》之創作理念與製作探討》，臺北：國立臺灣藝術大學應用媒體藝術研究所碩士論文，2004 年 6 月。
21. 徐志成，《「五洲派」對臺灣布袋戲的影響》，臺北：國立臺灣大學中國文學研究所碩士論文 1998 年 6 月。
22. 徐雅玫，《臺灣布袋戲之後場音樂初探》，臺北：國立臺灣師範大學音樂研究所碩士論文，2000 年 1 月。
23. 高碧蓮，《福建泉州及臺灣高雄懸絲傀儡戲劇本研究》，高雄：國立高雄師範大學國文研究所博士論文，2001 年 6 月。
24. 原來，《無形文化資產振興管理系統之建構——以臺灣布袋戲發展爲例》，臺北：國立臺灣師範大學美術研究所行政與管理組博士論文，2011 年 6 月。
25. 莊惇惠，《臺灣媒體化布袋戲音樂與音響之研究》，臺南：國立臺南藝術大學／民族音樂學研究所碩士論文，2007 年 6 月。
26. 陳正雄，《李天祿布袋戲舞台演出本研究》，臺北：國立台北大學民俗藝術研究所碩士論文，2005 年 6 月。
27. 陳生龍，《沈明正布袋戲的表演藝術研究》，彰化：國立彰化師範大學國文研究所碩士論文，2010 年 12 月。
28. 陳怡樺，《「聖石傳說」現象的後現代文化邏輯》，嘉義：南華大學／傳播管理研究所碩士論文，2002 年 6 月。
29. 陳淑汝，《臺灣文化創意產業行銷策略之研究——以皮影戲爲例》，雲林：雲林科技大學工業設計研究所碩士論文，2002 年 6 月。
30. 陳龍廷，《黃俊雄電視布袋戲研究》，臺北：中國文化大學藝術研究所碩士論文，1991 年 6 月。
31. 陳龍廷，《臺灣布袋戲的口頭文學研究》，台南：國立成功大學臺灣文學研究所博士論文，2006 年 6 月。
32. 陳慧書，《霹靂布袋戲中女性形象之演變（1986～2002）》，臺北：國立臺灣師範大學歷史研究所碩士論文，2004 年 6 月。
33. 郭珮琪，《黃俊雄電視布袋戲女角形象、配樂與社會關連》，臺南：國立臺南藝術大學民族音樂研究所在職專班碩士論文，2012 年 7 月。

34. 許清源，《臺灣布袋戲偶的模件體係之成形與發展》，臺北：國立臺灣師範大學美術研究所博士論文，2010 年 5 月。

35. 梁慧婷，《明興閣掌中戲團營運方式之研究》，臺北：國立成功大學藝術研究所碩士論文，1999 年 6 月。

36. 黃明峰，《屏東縣布袋戲班之研究（1949～1999）——以〈全樂閣〉、〈復興社〉、〈祝安〉、〈聯興閣〉爲例》，臺中：逢甲大學中國文學研究所碩士論文，2000 年 6 月。

37. 黃能揚，《全球化時代裡的本土文化工業——以電視布袋戲爲例》，嘉義：國立中正大學電訊傳播研究所碩士論文，2000 年 6 月。

38. 黃武山，《我、布袋戲——「亨利四世」》，臺北：國立臺北藝術大學劇場藝術研究所碩士論文，2002 年 6 月。

39. 張軒豪，《本土文化產業的全球化——以霹靂布袋戲爲例》，新竹：國立交通大學傳播研究所碩士論文，，2005 年 6 月。

40. 張荏傑，《文化創意產業之市場區隔分析——以布袋戲爲例》，宜蘭：佛光大學經濟研究所碩士論文，2007 年 6 月。

41. 張雅惠，《潮調布袋戲「金簪記」音樂研究》，臺北：國立臺灣師範大學音樂研究所碩士論文，2000 年 6 月。

42. 張溪南，《黃海岱及其布袋戲劇本研究》，嘉義：國立中正大學中國文學系碩士論文，2002 年 6 月。

43. 張瓊霙，《霹靂布袋戲不死系之研究》，嘉義：國立嘉義大學中國文學系研究所碩士論文，2005 年 6 月。

44. 游玉玲，《文化創意產業之智慧財產權管理與經營——以霹靂布袋戲爲例》，臺北：世新大學傳播管理學研究所碩士論文，2006 年 6 月。

45. 傅建益，《當前臺灣野台布袋戲之研究》，臺北：中國文化大學藝術研究所碩士論文，1993 年 6 月。

46. 馮世人，《霹靂布袋戲產業鏈發展指標之研究》，臺中：朝陽科技大學／建築及都市設計研究所碩士論文，2006 年 6 月。

47. 楊清惠：《從原始劍俠到仙俠——古典小說中「劍俠」形象及其轉變》，臺北：淡江大學中文研究所碩士論文，1999 年 1 月。

48. 楊雅琪，《玉泉閣布袋戲團研究》，臺南：國立成功大學中國文學研究所碩士論文，2004 年 4 月。

49. 詹惠登，《古典布袋戲演出形式之研究》，臺北：中國文化學院藝術研究所碩士論文，1979 年 1 月。

50. 廖文華，《臺灣布袋戲電影「聖石傳説」之行銷傳播策略個案研究》，臺北：中國文化大學新聞研究所碩士論文，2000 年 6 月。

51. 劉一德，《霹靂布袋戲發展歷程解析》，嘉義：南華大學出版與文化事業管理研究所碩士論文，2007 年 6 月。

52. 劉信成，《臺灣「歌仔戲導演」之探討》，臺北：中國文化學院藝術研究所碩士論文，1996 年 6 月。
53. 劉建成，《雲林縣隆興閣掌中戲團的現況分析與另類發展研究》，雲林：雲林科技大學文化資產維護系碩士論文，2005 年 6 月。
54. 劉得臣，《地方文化產業全球化：以霹靂布袋戲爲例》，嘉義：南華大學出版與文化事業管理研究所碩士論文，2007 年 6 月。
55. 蔡隆順，《中國傀儡戲的源流與在臺灣的比較》，臺北：中國文化大學藝術研究所碩士論文，1997 年 6 月。
56. 賴宏林，《霹靂布袋戲之幻想主題批評——以「霹靂異數」爲例》，臺北：輔仁大學大眾傳播學研究所碩士論文，2000 年 6 月。
57. 鄭蕙馨，《臺灣布袋戲「宛然派」的傳承與發展》，臺北：眞理大學臺灣文學系學士論文，2001 年 6 月。
58. 鄭慧翎，《臺灣布袋戲劇本研究》，桃園：國立中央大學中文系碩士論文，1991 年 5 月。
59. 謝中憲，《臺灣布袋戲發展之研究》，嘉義：國立嘉義大學史地學系研究所碩士論文，2006 年 7 月。
60. 謝依婷，《國民小學布袋戲社團運作及教學方法之個案研究》，臺北：國立台北教育大學音樂研究所碩士論文，2005 年 8 月。
61. 謝佩螢，《臺灣布袋戲之武俠敘事風格研究——以洲派媒體布袋戲爲例》，南投：暨南國際大學中國語文學系碩士論文，2005 年 6 月。
62. 羅明宗，《地方藝術節之整合行銷傳播研究——以雲林 2006 年國際偶戲節爲例》，臺北：國立臺灣藝術大學應用媒體藝術研究所碩士論文，2006 年 6 月。
63. 蘇世德，《臺灣專業布袋戲偶雕刻》，臺南：國立成功大學藝術研究所碩士論文，2000 年 6 月。
64. 蘇鈴琇，《影響臺灣肖像商品之消費者滿意度及忠誠度之相關性研究——以霹靂布袋戲會員爲研究對象》，臺北：輔仁大學應用統計學研究所碩士論文，2001 年 6 月。
65. 蕭永勝，《「五洲園二團」黃俊卿及其《忠勇孝義傳》、《橫掃江湖黑眼鏡》之研究》，臺北：國立臺北大學民俗藝術研究所碩士論文，2010 年 1 月。

五、期　刊

1. 王敦余，〈千秋功業指掌中〉，《南戲遺響》，北京：中國劇出版社出版，1991 年 2 月，頁 207～215。
2. 王嵩山，〈臺灣民間戲曲研究總論：一個人類學的初步研究〉，《民俗曲藝》第 28 期，臺北：財團法人施合鄭民俗文化基金會，1984 年 1 月，頁 1～54。

3. 江武昌，〈與邱坤良教授談民俗戲曲的民俗活動〉，《民俗曲藝》第 32 期，臺北：財團法人施合鄭民俗文化基金會，1984 年 5 月，頁 45～52。
4. 江武昌，〈五洲元祖：黃海岱〉，《民俗曲藝》第 35 期，臺北：財團法人施合鄭民俗文化基金會，1985 年 7 月，頁 90～106。
5. 江武昌，〈轟動武林，驚動萬教——五洲園黃俊雄先生〉，《民俗曲藝》第 37 期，臺北：財團法人施合鄭民俗文化基金會，1985 年 9 月，頁 128～135。
6. 江武昌，〈光復後臺灣布袋戲的發展〉，《民俗曲藝》第 71 期，臺北：財團法人施合鄭民俗文化基金會，1991 年 5 月，頁 52～69。
7. 江武昌，〈布袋戲的興起和民間劇場的關係〉，《傳藝雙月刊》第 63 期，宜蘭：國立傳統藝術總處籌備處，2006 年 4 月，頁 10～25。
8. 江武昌，〈臺灣傳統戲曲文化中的虎〉，《傳藝雙月刊》第 86 期，宜蘭：國立臺灣傳統藝術總處籌備處，2010 年 2 月，頁 18～23。
9. 沈繼生，〈譽滿中外的閩南掌中木偶戲〉，《泉州木偶藝術》，中國：鷺江出版社出版，1986 年 8 月，頁 56～59。
10. 吳佩，〈一家四代扛一口布袋——黃海岱布袋戲家族〉上，《表演藝術》第 52 期，臺北：國立中正文化中心，1997 年 3 月，頁 75～77。
11. 吳佩，〈一家四代扛一口布袋——黃海岱布袋戲家族〉下，《表演藝術》第 53 期，臺北：國立中正文化中心，1997 年 4 月，頁 84～85。
12. 吳怡銘，〈霹靂多媒體——代代承傳代代創新求對味〉，《能力雜誌》第 573 期，臺北：中國生產力中心雜誌社，2003 年 11 月，頁 42～49。
13. 吳政恆，〈漫談臺灣布袋戲的發展〉，《臺灣文獻》第 48 卷第 4 期，南投：國史館臺灣文獻館，1997 年 12 月，頁 161～173。
14. 吳明德，〈藝癡者技必良——論許王「小西園」「三盜九龍杯」之裁戲手法〉，《民俗曲藝》第 146 期，臺北：財團法人施合鄭民俗文化基金會，2004 年 12 月，頁 263～284。
15. 林宏隆，〈金光閃閃的「新洲園」〉，《民俗曲藝》第 14 期，臺北：財團法人施合鄭民俗文化基金會，1982 年 4 月，頁 42～45。
16. 林宏隆，〈布袋戲與李天祿〉，《民俗曲藝（民間劇場專輯）》第 26 期，臺北：財團法人施合鄭民俗文化基金會，1983 年 10 月，頁 147～154。
17. 財團法人施合鄭民俗文化基金會，「民間劇場專輯」，《民俗曲藝》第 37 期，臺北：財團法人施合鄭民俗文化基金會，1985 年 9 月。
18. 財團法人施合鄭民俗文化基金會，「布袋戲專輯」，《民俗曲藝》第 67、68 期，臺北：財團法人施合鄭民俗文化基金會，1990 年 10 月。

19. 陳龍廷，〈臺灣化的布袋戲文化〉，《臺灣風物》季刊第 47 卷第 4 期，臺北：臺灣風物雜誌社，1997 年 12 月，頁 37～67。

20. 陳龍廷，〈戰後臺灣的戲園布袋戲——布袋戲班、劇場技術與歌手制度〉，《文化視窗》第 64 期，臺北：行政院文化建設委員會，2004 年 6 月，頁 94～97。

21. 陳龍廷，〈臺灣布袋戲的語言表演研究〉，《臺灣文學評論》第 4 卷第 4 期，臺北：眞理大學臺灣文學資料館，2004 年 10 月，頁 123～143。

22. 陳龍廷，〈從籠底戲到金剛戲：論布袋戲的典型場景〉，《戲劇學刊》第 12 期（亞洲劇場專輯），臺北：國立臺北藝術大學戲劇學院，2010 年 7 月，頁 73～93。

23. 陳慶紀，〈李漁戲曲的關目藝術及當代意義〉，《山西師大學報》（社會科學版）第 33 卷第 4 期（山西省臨汾市：2006 年 7 月），頁 49～52。

24. 許子漢，〈戲曲「關目」義函之探討〉，《東華人文學報》第二期，花蓮：東華大學人文社會科學學院，2000 年 7 月，頁 125～142。

25. 國立傳統藝術總處籌備處，「掌中乾坤風雲再起」，《傳藝雙月刊》第 63 期，宜蘭：國立傳統藝術中心，2006 年 4 月。

26. 曾永義，〈「文化櫥窗」在青年公園〉，《民俗曲藝》第 37 期，臺北：財團法人施合鄭民俗文化基金會，1985 年 9 月，頁 16～21。

27. 黃順仁，〈談關廟玉泉閣：敬悼一代宗師黃添泉〉，《民俗曲藝》第 36 期，臺北：財團法人施合鄭民俗文化基金會，1985 年 8 月，頁 62～71。

28. 黃順仁，〈布袋戲界的長青樹：第二代「玉泉閣」黃秋藤〉，《民俗曲藝》第 37 期，臺北：財團法人施合鄭民俗文化基金會，1985 年 9 月，頁 94～98。

29. 詹惠登，〈布袋戲的劇本與劇場組織〉，《民俗曲藝》第 26 期，臺北：財團法人施合鄭民俗文化基金會，1983 年 10 月，頁 121～139。

30. 詹惠登，〈從歷代傀儡戲發展與中國傳統戲劇的關係談布袋戲〉，《民俗曲藝》第 35 期，臺北：財團法人施合鄭民俗文化基金會，1985 年 6 月。

31. 劉信成，〈從戲偶的「左撇子藝術」看臺灣布袋戲的「成長」〉，《傳藝雙月刊》第 63 期，宜蘭：國立傳統藝術總處籌備處，2006 年 4 月，頁 44～53。

32. 劉信成，〈白馬風雲傳之「廖昆章」傳奇〉，《傳藝雙月刊》第 77 期，宜蘭：國立傳統藝術總處籌備處，2008 年 8 月，頁 40～44。

33. 劉信成，〈布袋戲文化場演出——從蕭添鎭布袋戲談起〉，《傳藝雙月刊》第 78 期，宜蘭：國立傳統藝術總處籌備處，2008 年 10 月，頁 76～80。

34. 劉信成，〈望嘆代代師傳，怎奈殆殆失傳乎！〉，《傳藝雙月刊》第 91 期，宜蘭：國立傳統藝術總處籌備處，2010 年 12 月，頁 76～79。

35. 劉信成，〈看俏臺灣布袋戲「反攻」大陸之實例〉，《傳藝雙月刊》第 95 期，宜蘭：國立傳統藝術總處籌備處，2011 年 8 月，頁 106～109。
36. 劉曉林、許艷文，〈古典戲劇藝術三題〉，《衡陽師範學院學報》第 31 卷第 1 期，湖南省：衡陽師範學院，2010 年 2 月，頁 88～91。
37. 簡秀珍，〈傳統之爲用——從現代劇場裡的布袋戲偶談起〉，《表演藝術》第 113 期，臺北：國立中正文化中心，2002 年 5 月，頁 68～70。
38. 蘇振明、洪樹旺，〈木頭人淚下——訪黃海岱談日據時代的布袋戲〉，《大世界》第 10 期，臺北：大世界國際旅遊雜誌社，1980 年 7 月，頁 21～25。

六、訪談記錄（依受訪者年齡排序）

1. 訪談「小西園」邱燈煌
   2013.09.01　下午　於臺北市歸綏戲曲公園。
   2013.11.27　下午　於新北市新莊新泰路邱燈煌之次子自宅。
2. 訪談「小西園」許王
   2013.09.07　晚上　於新北市新莊文化中心。
   2013.11.25　下午　於臺北士林文昌路許王自宅。
3. 訪談「西螺輝五洲」廖昆章
   2008.06.11　上午　於國立臺灣戲曲學院內湖校區歌仔戲科教室。
   2008.07.08　下午　於桃園火車站「眞鍋咖啡館」。
   2009.10.27　下午　於桃園青田街廖昆章租屋處。
   2013.11.21　下午　於桃園青田街廖昆章租屋處。
4. 訪談「昇平五洲園」林宗男
   2013.10.11　上午　於雲林西螺林宗男自宅。
5. 訪談「華洲園」林振森（林阿三）
   2013.08.05　下午　於臺北市延平北路四段「陳悅記祖宅」。
   2013.09.28　下午　於雲林縣土庫鎭公所。
6. 訪談「諸羅山木偶劇團」吳萬成
   2011.03.15　下午　於臺北三重「上格大飯店」707 號房。
   2011.05.03　下午　於雲林縣瓦厝「福德堂」。
   2013.12.24　下午　於嘉義縣太保市吳萬成自宅。
7. 訪談「大臺灣神五洲」陳坤臨
   2013.11.02　上午　於臺中南屯陳坤臨自宅。
   2013.11.23　上午　於臺中南屯陳坤臨自宅。
8. 訪談「大中華五洲園」蕭寶堂
   2013.11.02　晚上　於臺中南屯區萬和宮。
   2013.11.23　晚上　於臺中南屯蕭寶堂自宅。

9. 訪談「大台員劉祥瑞掌中劇團」劉祥瑞
   2013.07.14　下午　於彰化員林劉祥瑞自宅
10. 訪談「新天地掌中劇團」黃聰國
   2013.06.02　下午　於基隆復興路黃聰國自宅。
   2013.10.05　下午　於基隆市立文化中心。
   2013.10.08　下午　於基隆復興路黃聰國自宅。
11. 訪談「中國太陽園」林大豐
   2013.10.22　上午　於臺中烏日林大豐自宅。
   2013.10.22　下午　於南投「金聖宮」。
   2014.01.01　下午　於苗栗通宵「三仙宮」。
   2014.10.25　下午　於臺中烏日林大豐自宅。
12. 訪談「眞快樂」柯加財
   2013.11.30　晚上　於臺北大稻埕「霞海城隍廟」。
   2013.12.13　上午　於新北市新莊「眞快樂木偶工作室」。
13. 訪談「江黑番掌中劇團」江欽饒（江黑番）
   2010.02.02　下午　於彰化員林員東路江欽饒自宅。
   2013.07.14　下午　於彰化員林員東路江欽饒自宅。
14. 訪談「大臺灣神五洲」陳坤德
   2013.11.02　中午　於臺中南屯陳坤臨自宅。
   2013.11.23　下午　於臺中南屯「神龍五洲園」顏永福自宅。
15. 訪談「高雄新世界」王泰郎
   2013.11.09　晚上　於臺北萬華「龍山寺」。
   2013.11.12　下午　於臺北八里「臺北木偶劇團」排練場。
   2013.12.01　晚上　於臺北大稻埕「霞海城隍廟」。
16. 訪談「昇平五洲園」林政興
   2013.06.13　中午　於臺北市京華城地下一樓美食廣場。
   2013.10.10　下午　於雲林虎尾「布袋戲館」。
   2013.10.11　下午　於雲林西螺林宗男自宅。
   2014.02.25　下午　於新北市淡水「鄞山寺」。
17. 訪談「臺北木偶劇團」黃僑偉
   2013.11.14　晚上　於臺北八里「臺北木偶劇團」排練場。
   2013.12.03　晚上　捷運板橋府中站「爭鮮」定食店。
18. 訪談「日月興掌中劇團」簡文泉
   2013.11.09　晚上　於臺北萬華「龍山寺」。
19. 訪談「小西園第四代」邱文建
   晚上　於臺北士林文昌路許王自宅。

附表一：1979～2015（民 68～104 年）布袋戲相關研究之碩博士論文

序號	年度	學位	論文題目	研究生	學　校	系　　所	備註（霹靂）
1	92	博士	閩台偶戲研究	邱一峰	國立政治大學	中國文學研究所	
2	92	博士	台灣布袋戲的表演藝術研究——以小西園掌中戲、霹靂布袋戲爲考察對象	吳明德	國立臺灣師範大學	國文研究所	①
3	94	博士	臺灣布袋戲的口頭文學研究	陳龍廷	國立成功大學	台灣文學研究所	
4	96	博士	台灣布袋戲國際市場拓展與文化產製創新關係之研究	陳俊良	國立臺灣大學	國際企業學研究所	
5	98	博士	台灣布袋戲偶的模件體系之成形與發展	許清原	國立臺灣師範大學	美術學系	
6	99	博士	無形文化資產振興管理系統之建構——以臺灣布袋戲發展爲例	原　來	國立臺灣師範大學	美術學系	
7	102	博士	當代臺灣布袋戲「主演」之研究	劉信成	國立中央大學	中國文學系	
8	103	博士	戰後臺灣布袋戲技藝與文學之研究	陳正雄	國立東華大學	中國語文學系	
9	68	碩士	古典布袋戲演出形式之研究	詹惠登	中國文化大學	藝術研究所	

10	79	碩士	台灣布袋戲劇本研究	鄭慧翎	國立中央大學	中國文學研究所	
11	79	碩士	黃俊雄電視布袋戲研究（民國五十九～六十三年）	陳龍廷	中國文化大學	藝術研究所	
12	81	碩士	當前臺灣野臺布袋戲之研究	傅建益	中國文化大學	藝術研究所	
13	87	碩士	「五洲派」對台灣布袋戲的影響	徐志成	國立臺灣大學	中國文學研究所	
14	88	碩士	電視布袋戲《霹靂狂刀》之性別論述分析	丁士芳	淡江大學	大眾傳播學系	②
15	88	碩士	台灣布袋戲之後場音樂初探	徐雅玫	國立臺灣師範大學	音樂研究所	
16	88	碩士	潮調布袋戲《金簪記》音樂研究	張雅惠	國立臺灣師範大學	音樂研究所	
17	88	碩士	明興閣掌中戲團營運方式之研究	梁慧婷	國立成功大學	藝術研究所	
18	89	碩士	台灣專業布袋戲偶雕刻	蘇世德	國立成功大學	藝術研究所	
19	89	碩士	靂布袋戲之幻想主題批評——以「霹靂異數」爲例	賴宏林	輔仁大學	大眾傳播學研究所	③
20	89	碩士	時空遞嬗中的布袋戲文化	林文懿	輔仁大學	大眾傳播學研究所	
21	89	碩士	屏東縣布袋戲班之研究（1949～1999）——以〈全樂閣〉、〈復興社〉、〈祝安〉、〈聯興閣〉爲例	黃明峰	逢甲大學	中國文學系	
22	89	碩士	全球化時代裡的本土文化工業——以電視布袋戲爲例	黃能揚	國立中正大學	電訊傳播研究所	
23	89	碩士	台灣布袋戲電影「聖石傳說」之行銷傳播策略個案研究	廖文華	中國文化大學	新聞研究所	④
24	90	碩士	消費社會的閱聽人——以霹靂布袋戲迷爲例	宋丁儀	國立政治大學	新聞學系	⑤
25	90	碩士	影響台灣肖像商品之消費者滿意度及忠誠度之相關性研究——以霹靂布袋戲會員爲研究對象	蘇鈴琇	輔仁大學	應用統計學研究所	⑥

26	90	碩士	從史豔文到素還真：霹靂布袋戲之文化變貌	洪盟凱	輔仁大學	大眾傳播學研究所	⑦
27	90	碩士	黃海岱及其布袋戲劇本研究	張溪南	國立中正大學	中國文學系	
28	91	碩士	我、布袋戲——《亨利四世》	黃武山	國立臺北藝術大學	劇場藝術研究所	
29	91	碩士	「聖石傳說」現象的後現代文化邏輯	陳怡樺	南華大學	傳播管理學系碩士班	⑧
30	91	碩士	漫畫讀者對「霹靂風暴」與《漫畫大霹靂》的基模研究	簡嘉良	中國文化大學	新聞研究所	⑨
31	91	碩士	是偶，也是操偶師——（泰特斯:夾子／布袋版）Tamora一角工作紀錄	張巧明	國立臺北藝術大學	劇場藝術研究所	
32	92	碩士	玉泉閣布袋戲團研究	楊雅琪	國立成功大學	中國文學系	
33	92	碩士	文化變遷下的布袋戲玩具變貌	林盟傑	中原大學	商業設計研究所	
34	92	碩士	台灣布袋戲偶雕刻之研究——以彰化「巧成眞」爲考察對象	洪淑珍	國立臺北大學	民俗藝術研究所	
35	92	碩士	霹靂國際多媒體創新專案與核心能力累積之研究	吳進榮	輔仁大學	管理學研究所	⑩
36	93	碩士	台灣布袋戲之武俠敘事風格研究— —以洲派媒體布袋戲爲例	謝佩螢	國立暨南國際大學	中國語文學系	
37	93	碩士	霹靂布袋戲中女性形象之演變（1986～2002）	陳慧書	國立臺灣師範大學	歷史研究所	⑪
38	93	碩士	霹靂布袋戲人物上場詩研究	林美慧	國立高雄師範大學	國文教學碩士班	⑫
39	93	碩士	鄉土藝術融入國小「藝術與人文」領域課程之研究——以布袋戲教學爲例	林坤隆	國立新竹教育大學	美勞教學碩士班	
40	93	碩士	本土文化產業的全球化——以霹靂布袋戲爲例	張軒豪	國立交通大學	傳播研究所	⑬
41	93	碩士	布袋戲偶花園頭之研究	呂聰文	國立臺北大學	民俗藝術研究所	

42	93	碩士	李天祿布袋戲舞台演出本研究	陳正雄	國立臺北大學	民俗藝術研究所	
43	94	碩士	台灣布袋戲發展之研究	謝中憲	國立嘉義大學	史地學系研究所	
44	94	碩士	掌中乾坤布袋戲數位博物館之內容分析研究	阮淑儀	國立嘉義大學	視覺藝術研究所	
45	94	碩士	霹靂布袋戲不死系之研究	張瓊霙	國立嘉義大學	中國文學系研究所	⑭
46	94	碩士	雲林縣隆興閣掌中戲團的現況分析與另類發展研究	劉建成	國立雲林科技大學	文化資產維護系碩士班	
47	94	碩士	台灣偶戲博物館功能之研究	馬淑芳	國立臺北大學	民俗藝術研究所	
48	94	碩士	國民小學布袋戲社團運作及教學方法之個案研究——以台北市平等國小爲例	謝依婷	國立台北師範學院	音樂研究所	
49	94	碩士	木頭有靈能做我空心無奈寄人行——台灣布袋戲偶中生角的造型研究	王怡文	國立彰化師範大學	藝術教育研究所	
50	94	碩士	數位影像之視覺傳達設計研究——以傳統偶戲數位影像創作爲例	蘇文雄	國立臺灣師範大學	設計研究所在職進修碩士班	
51	94	碩士	文化創意產業之智慧財產權管理與經營——以霹靂布袋戲爲例	游玉玲	世新大學	傳播管理學研究所	⑮
52	94	碩士	傳統布袋戲數位典藏詮釋資料之研究	林宛蘋	中國文化大學	資訊管理研究所	
53	94	碩士	掌中戲後援會成員參與動機、滿意度與忠誠度關聯性之研究	鄭詩慧	開南管理學院	企業管理學系碩士班	
54	94	碩士	黃海岱「經典劇目」劇本研究	蔡啓仲	國立彰化師範大學	國文學系	
55	93	碩士	3D 虛擬角色於傳統戲偶演出形式應用之研究創作	張德仁	國立交通大學	應用藝術研究所	
56	95	碩士	地方藝術節之整合行銷傳播研究——以雲林 2006 年國際偶戲節爲例	羅明宗	國立臺灣藝術大學	應用媒體藝術研究所	

57	95	碩士	霹靂布袋戲產業鏈發展指標之研究	馮世人	朝陽科技大學	建築及都市設計研究所	⑯
58	95	碩士	台灣媒體化布袋戲音樂與音響之研究	莊惇惠	國立臺南藝術大學	民族音樂學研究所	
59	95	碩士	文化創意產業之市場區隔分析——以布袋戲爲例	張荏傑	佛光大學	經濟學系	
60	95	碩士	地方藝術節之整合行銷傳播研究——以雲林 2006 年國際偶戲節爲例	羅明宗	國立臺灣藝術大學	應用媒體藝術研究所	
61	95	碩士	台灣文化創意產業之國際化策略——以法藍瓷、雲門舞集、霹靂布袋戲爲例	吳貞儀	國立成功大學	企業管理學系專班	⑰
62	95	碩士	蕭添鎭民俗布袋戲團結合國小鄉土藝術教育之研究	陳艾伶	國立新竹教育大學	人資處美勞教學碩士班	
63	95	碩士	掌中春秋，百年癡迷——霹靂布袋戲迷文化	郭書吟	國立政治大學	新聞研究所	⑱
64	95	碩士	台南地區廣播布袋戲的研究	李昀穎	國立成功大學	藝術研究所	
65	95	碩士	南管布袋戲《陳三五娘》之創作理念與製作探討	柯世宏	國立臺灣藝術大學	應用媒體藝術研究所	
66	95	碩士	學校本位課程評鑑——以一所國民小學之布袋戲課程爲例	廖春蘭	國立臺北教育大學	課程與教學研究所	
67	95	碩士	大學布袋戲社團學生偶像認同與自我概念之相關研究	杜建霖	大葉大學	休閒事業管理學系碩士班	
68	95	碩士	國際藝術節實施成效之研究——以二〇〇六年雲林國際偶戲節爲例	劉子瑋	國立臺灣大學	戲劇學研究所	
69	96	碩士	布袋戲研究中的藝術學觀察——以布袋戲筆記與台灣布袋戲的表演藝術研究爲觀察中心	薛　湧	佛光大學	藝術學研究所	
70	96	碩士	掌中戲產業的變革——「霹靂布袋戲」之文化創意元素探析	李姍姍	嶺東科技大學	視覺傳達設計研究所	⑲
71	96	碩士	台灣現代金光布袋戲音樂文化之研究	鄧翰嶽	國立臺南藝術大學	民族音樂學研究所	

72	96	碩士	台灣傳統文化在資訊社會中的蛻變——以宜蘭布袋戲迷為例	謝智偉	佛光大學	社會學系	
73	96	碩士	霹靂布袋戲發展歷程解析	劉一德	南華大學	出版與文化事業管理研究所	⑳
74	96	碩士	地方文化產業全球化：以霹靂布袋戲為例	劉得臣	南華大學	出版與文化事業管理研究所	㉑
75	96	碩士	李天祿布袋戲文教基金會功能與績效評估之研究	郭慧如	國立臺北大學	民俗藝術研究所	
76	96	碩士	霹靂布袋戲中「疏樓龍宿」的儒生形象研究	蔡志崙	國立政治大學	宗教研究所	㉒
77	96	碩士	迷群商品消費動機與意義研究——以霹靂布袋戲迷為例	廖重榮	國立中正大學	行銷管理研究所	㉓
78	96	碩士	霹靂布袋戲行銷策略之研究	洪文駿	臺北市立教育大學	社會科教育學系碩士班	㉔
79	96	碩士	雲林國際偶戲節文化商品認知與設計研究	鄭君平	雲林科技大學	工業設計系碩士班	
80	96	碩士	國內傳統表演藝術場館營運之研究——以『文化生活產業園區——布袋戲傳習中心』規劃案為例	陳華興	雲林科技大學	企業管理系碩士班	
81	97	碩士	「潘朵拉」的魔法——探索企業成功塑造「迷」的秘訣	梁信元	國立中正大學	企業管理所	
82	97	碩士	布袋戲口白研究——以霹靂布袋戲為中心	陳俊安	國立高雄師範大學	台灣文化及語言研究所	㉕
83	97	碩士	以亦宛然掌中劇團《華容道》——論布袋戲音樂的「外江」脈絡與探源	林致名	臺灣大學	音樂學研究所	
84	97	碩士	傳統文化產業之創新：以霹靂布袋戲為例	曾瓊瑩	元智大學	資訊社會學研究所	㉖
85	97	碩士	文化商品的消費意義詮釋——以霹靂布袋戲為例	吳秉琦	世新大學	公共關係暨廣告學研究所	㉗
86	97	碩士	「戲箱」：台灣與法國偶戲團的跨文化邂逅	杜曼笛	國立政治大學	新聞研究所	
87	97	碩士	搭載於二輪式自動平衡移動平台之布袋戲偶機器人系統	孫冠群	國立交通大學	電機與控制工程系所	

88	97	碩士	不朽的神話——霹靂布袋戲本土文化行銷之研究	劉才賢	臺中技術學院	商業設計系碩士班	㉘
89	97	碩士	應用 Java 建置 Web2.0 數位內容影音平台——以偶戲王網站爲例	吳培賢	中國文化大學	資訊管理研究所	
90	97	碩士	霹靂布袋戲戲偶造型與角色研究	張祐慈	逢甲大學	中國文學所	㉙
91	97	碩士	台中市信義國小偶戲課程的發展與實施之個案研究	林淑玲	國立臺中教育大學	教育學系	
92	97	碩士	網路迷文化之創意實踐與互動連結：以霹靂布袋戲戲迷爲觀察對象	鍾韻永	輔仁大學	大眾傳播學研究所	㉚
93	97	碩士	藝術網站在國小布袋戲教學之應用——以國立傳統藝術中心傳藝王網站爲例	黃福祥	國立花蓮教育大學	科技藝術研究所	
94	97	碩士	以Java爲平台建構布袋戲網路戲院	陳建霖	朝陽科技大學	網路與通訊研究所	
95	97	碩士	台灣布袋戲「儒」的建構及其社會意涵	蔡志崙	國立臺灣師範大學	社會教育學系	
96	97	碩士	文化創意產業之策略規劃研究——以霹靂多媒體爲例	張振忠	國立中山大學	傳播管理研究所	㉛
97	98	碩士	論台灣布袋戲的傳承與演進——以霹靂布袋戲的史豔文與素還眞爲例	簡如岑	高雄師範大學	回流中文碩士班	㉜
98	98	碩士	台灣布袋戲女性人物造型之比較研究——以傳統布袋戲與霹靂布袋戲之旦角爲例	王淑惠	東方技術學院	文化創意設計研究所	㉝
99	98	碩士	從文化創意產業談布袋戲產業創新問題——以雲林黃家班霹靂布袋戲爲例	陳淑玫	國立臺北教育大學	文化產業學系暨藝文產業設計與經營碩士班	㉞
100	98	碩士	文化創意產業國際化關鍵成功因素之研究——以霹靂布袋戲爲例	劉薰蕙	長榮大學	國際企業學系碩士班	㉟
101	98	碩士	以孫子兵法在布袋戲產業之競爭策略研究——賽局理論之運用	蔡維明	國立屏東科技大學	高階經營管理碩士在職專班	
102	98	碩士	「乾華閣」布袋戲劇團之研究	吳麗蘭	國立中興大學	台灣文學研究所	

103	98	碩士	台灣同人誌裡的男男性戀情想像——以台灣霹靂布袋戲耽美迷爲例	鄭青青	國立政治大學	傳播學院碩士在職專班	㊱
104	98	碩士	霹靂布袋戲「宗教人物登場詩」之研究	鄧承澤	玄奘大學	中國語文學系碩士在職專班	㊲
105	98	碩士	探討文化創意產業網絡與群聚之研究——以布袋戲產業爲主要範圍	張雅婷	國立屏東商業技術學院	休閒遊憩創意產業經營管理研究所	
106	98	碩士	台灣文化創意產業的經營與發展之研究——以霹靂布袋戲爲例	林振煌	佛光大學	經濟學系	㊳
107	98	碩士	以陳錫煌藝師個案爲例探討台灣布袋戲藝術之傳承	葉芳君	國立臺北教育大學	藝術與造形設計學系碩士班	
108	98	碩士	品牌迷群之情感依附：以霹靂布袋戲爲例	張凱華	國立臺北大學	企業管理學系	㊴
109	98	碩士	藍海策略價值創新與實務運用之研究——以霹靂布袋戲爲例	潘富聖	南華大學	出版與文化事業管理研究所	㊵
110	98	碩士	南投新世界陳俊然布袋戲「南俠」之研究——以《南俠（沒價值的老人）》爲研究對象	巫裕雄	國立臺北大學	民俗藝術研究所	
111	98	碩士	後現代布袋戲特質應用於普普藝術風格平面設計之研究	劉志宏	國立臺灣師範大學	設計研究所	
112	98	碩士	台灣布袋戲上場詩研究	黃仁健	國立中央大學	中國文學系碩士在職專班	
113	98	碩士	「五洲園二團」黃俊卿及其《忠勇孝義傳》、《橫掃江湖黑眼鏡》之研究	蕭永勝	國立臺北大學	民俗藝術研究所	
114	98	碩士	雲林縣隆興閣掌中劇團之研究	郭宸禓	國立臺南大學	台灣文化研究所碩士班	
115	98	碩士	江賜美女演師及其掌中劇團之研究	林莉倫	國立臺北教育大學	台灣文化研究所	
116	99	碩士	「2010 高雄縣偶戲藝術節」偶戲展演之感知研究	吳合芳	國立高雄應用科技大學	觀光與餐旅管理系	
117	99	碩士	台灣布袋戲的現代論述——以霹靂布袋戲爲例	劉姿伶	南華大學	視覺與媒體藝術學系碩士班	㊶

118	99	碩士	地方文化館對當地居民文化影響之研究——以雲林故事館及雲林布袋戲館爲例	林珍如	康寧大學	資產管理與城市規劃研究所	
119	99	碩士	霹靂布袋戲人物性行轉化之分析	翁菁穗	國立臺灣師範大學	國文學系在職進修碩士班	㊷
120	99	碩士	性別圖像與迷群思維——以霹靂布袋戲爲研究對象（2000～2009）	莊雅惠	國立中興大學	台灣文學研究所	㊸
121	99	碩士	霹靂布袋戲虛擬社群忠誠研究——關係投資模式的驗證	賴尚酬	亞洲大學	休閒與遊憩管理學系碩士班	㊹
122	99	碩士	霹靂布袋戲偶雕刻研究——以沈春福、徐柄垣、劉韋成昆仲爲例	楊惠中	國立彰化師範大學	台灣文學研究所	㊺
123	99	碩士	簡易手控布袋戲玩偶之研究	徐卿輝	義守大學	電機工程學系碩士班	
124	99	碩士	結合地方文化館　進行高年級藝術與人文領域教學之研究——以雲林布袋戲館爲例	曾一鑫	國立臺北教育大學	藝術與造形設計學系碩士班	
125	99	碩士	霹靂布袋戲迷認眞性休閒特質與品牌權益、盜版行爲關係之研究	沈婉蓁	南華大學	旅遊事業管理學系碩士班	㊻
126	99	碩士	3D 環物數位典藏網站應用於國小布袋戲教學之研究	施慧君	臺北市立教育大學	數位學習碩士學位學程	
127	99	碩士	臺灣布袋戲《西遊記》表演文本分析及國小教學應用	王瓊枝	國立臺灣師範大學	台灣文化及語言文學研究所在職進修碩士班	
128	99	碩士	人的延伸——報馬仔的臺灣口頭文化研究：以布袋戲《儒俠小顏回》爲例	簡鴻綿	國立臺灣師範大學	台灣文化及語言文學研究所在職進修碩士班	
129	99	碩士	沈明正布袋戲的表演藝術研究	陳生龍	國立彰化師範大學	國文學系	
130	99	碩士	後現代布袋戲特質應用於普普藝術風格平面設計之研究	劉志宏	國立臺灣師範大學	設計研究所	
131	99	碩士	傳統產業轉型升級文化創意產業關鍵成功因素之研究－以霹靂多媒體國際股份有限公司爲例	張淙源	環球科技大學	中小企業經營策略管理研究所	㊼

132	100	碩士	國中創意偶戲實施過程的自我探究與學生學習表現：以台北市桃源國中偶戲團爲例	蕭萓葇	臺北藝術大學	藝術與人文教育研究所	
133	100	碩士	論臺灣布袋戲俠義、忠義與情義之本質——以霹靂布袋戲爲例	葉玉茵	高雄師範大學	國文教學碩士班	㊽
134	100	碩士	地方文化館運用展示科技設計方針之研究——以布袋戲爲例	徐培恩	雲林科技大學	設計運算研究所碩士班	
135	100	碩士	遊客體驗、知覺價值與重遊意願關係之研究——以雲林布袋戲館爲例	王麗萍	雲林科技大學	休閒運動研究所碩士班	
136	100	碩士	霹靂布袋戲人物的原型與心理異常分析	李健宏	逢甲大學	中國文學所	㊾
137	100	碩士	霹靂布袋戲女性人物詩詞研究	黃名輝	國立嘉義大學	中國文學系研究所	㊿
138	100	碩士	鍾任壁新興閣布袋戲技藝傳承之研究	林淑媛	高雄師範大學	回流中文碩士班	
139	100	碩士	台灣布袋戲色彩運用之傳承與創新	尹國風	高雄師範大學	國文教學碩士班	
140	100	碩士	黃俊雄電視布袋戲女角形象、配樂與社會關連	郭珮琪	國立臺南藝術大學	民族音樂學研究所	
141	100	碩士	人格特質與生活型態對文化創意商品消費行爲的影響－以布袋戲爲例	詹舒雯	正修科技大學	經營管理研究所	
142	100	碩士	霹靂布袋戲人物一頁書佛教生死觀點之探析	林順富（釋明諦）	南華大學	生死學系	(51)
143	100	碩士	小西園掌中戲研究	邱睿婷	中國文化大學	中國文學系	
144	100	碩士	偶戲教學對小智能障礙學生問題行爲改變成效之研究	蔡國藩	國立中正大學	教學專業發展數位學習碩士班	
145	100	碩士	論台原偶戲團之跨文化呈現	劉晏慈	國立臺灣藝術大學	戲劇學系	
146	100	碩士	品牌權益、顧客滿意度、品牌共鳴對再購意願之關聯性研究——以霹靂布袋戲爲例	張德培	亞洲大學	國際企業學系碩士在職專班	(52)

147	100	碩士	臺灣布袋戲中的拉丁節奏	謝均佩	國立臺灣大學	音樂學研究所	
148	100	碩士	霹靂布袋戲中紅樓劍閣女性角色之研究——以女性主義觀點論析	周宥廷	南華大學	建築與景觀學系環境藝術碩士班	㊿
149	100	碩士	在文物上考古——以「江加走布袋戲偶衣服織繡品」科學分析爲例	蔡旭清	臺北藝術大學	建築與文化資產研究所	
150	100	碩士	閣派布袋戲陳深池系統眞興閣之研究	黃偉嘉	國立臺北大學	古典文獻與民俗藝術研究所民俗藝術組	
151	100	碩士	學生創意偶戲比賽文本中的狂歡化現象之探討——以海山高中參賽團隊爲例	劉用德	國立臺灣藝術大學	戲劇學系	
152	100	碩士	從史艷文到素還眞，臺灣文創產業演化論	陳冠鳴	高雄師範大學	國文學系	
153	101	碩士	台灣布袋戲躍上國際舞台－以廖文和布袋戲團爲例	廖珮妤	國立雲林科技大學	應用外語系	
154	101	碩士	小西園《古城訓弟》外江布袋戲音樂之研究	陳孟慈	國立臺北教育大學	音樂學系碩士班	
155	101	碩士	運用布袋戲藝術發展國中藝術與人文領域課程之研究	廖詠婕	南華大學	視覺與媒體藝術學系	
156	101	碩士	不可言說的學習——傳統布袋戲的傳承探討	楊靜佩	國立雲林科技大學	文化資產維護系	
157	101	碩士	布袋戲偶典藏管理調查研究	邱于庭	國立雲林科技大學	文化資產維護系	
158	101	碩士	臺灣布袋戲影音產品經營策略之研究——以洪連生木偶劇團爲例	洪聖凱	國立臺灣師範大學	美術學系在職進修碩士班	
159	101	碩士	媒介空間設定與意識型態之流變：以布袋戲爲例	陳喬富	淡江大學	資訊傳播學系	
160	101	碩士	隆興閣掌中劇團《新五爪金鷹一生傳》研究	江怡亭	國立成功大學	台灣文學系	
161	101	碩士	國民中學偶戲教育學習成效之研究以全國學生創意偶戲比賽爲例	鄭巧靈	國立臺北藝術大學	藝術與人文教育研究所	

162	102	碩士	臺灣布袋戲的發展與創新	童美英	玄奘大學	中國語文學系碩士在職專班	
163	102	碩士	客家布袋戲之研究——以山宛然劇團爲例	黃鈺婷	國立新竹教育大學	音樂學系碩士班	
164	102	碩士	霹靂布袋戲之精神、文化與美學研究	章丁尹	國立中興大學	台灣文學與跨國文化研究所	㊹
165	102	碩士	霹靂布袋戲在國語文之教學運用研究	陳韋伸	國立高雄師範大學	國文教學碩士班	㊺
166	102	碩士	素還眞文化符碼應用於商品設計之研究	張哲源	東海大學	工業設計學系	㊻
167	103	碩士	獲取順從策略在霹靂布袋戲當中的運用——以霹靂布袋戲中的霹靂俠影之轟定干戈爲例	王瀚強	世新大學	口語傳播學研究所	㊼
168	103	碩士	蕭建平電視布袋戲的表演藝術研究——以《神魔英雄傳》三部曲爲例	林一芃	國立彰化師範大學	國文學系	
169	103	碩士	詔安布袋戲對客家文化傳承角色之研究——以隆興閣掌中劇團爲例	馮筱芬	大葉大學	設計暨藝術學院在職專班	
170	103	碩士	台灣布袋戲彩樓改良設計之研究	陳冠良	東南科技大學	營建科技與防災研究所在職專班	
171	103	碩士	台灣霹靂布袋戲中素還眞角色專屬配樂研究	洪明聖	國立臺北藝術大學	音樂學研究所	㊽
172	104	碩士	傳統藝術跨界思辨：解讀霹靂布袋戲之文化經濟	何偉民	靜宜大學	大眾傳播學系	㊾
173	104	碩士	《地球》布袋戲環保短片創作論述	廖展陞	國立雲林科技大學	數位媒體設計系	

*「備註欄」標有①、②、③、④、⑤、……者，爲以「霹靂」布袋戲爲題之碩博士學位論文。

附表二：國立傳統藝術中心 2001～2008 年布袋戲匯演彙整表

團隊 劇目	2001 年	2002 年	2004 年	2006 年	2008 年
01	「小西園」 《悟空三鬧》	「小西園」 《靈蛇奇緣之水漫金山》	「小西園」 《魚藏劍》	「小西園」 《華光出世》	「小西園」 《天蓬元帥》
02	「亦宛然」 《大鬧水晶宮》	「亦宛然」 《白蛇傳》	「亦宛然」 《猴王首部曲～如意金箍棒》	「亦宛然」 《仙拼仙　拼死猴齊天》	「亦宛然」 《鄭和下西洋－撒髮國》
03	「賜美樓」 《楊木縣過台灣：十八盒藍》	「眞快樂」 《楊木縣過台灣：日月潭神木白茄苳》	「眞快樂」 《台灣民間故事～照鏡山日落梳妝》	「眞快樂」 《布袋戲黑色喜劇－「白吃店」》	「眞快樂」 《前世夫妻後世會－亂點鴛鴦譜》
04	「新興閣」 《大戰南陽關》	「廖文和」 《萬點紅》	「廖文和」 《拘仙塔風雲》	「廖文和」 《天下第一劍》	「廖千順」 《狀元雙刀會》
05	「聲五洲」 《孫臏下山：七國軍師》	「吳萬響」 《乾隆君遊江南之假案君復國》	「聲五洲」 《台灣傳奇人物～義俠廖添丁》	「聲五洲」 《台灣演藝製作系列－林爽文抗清》	「弘宛然」 《陳錫煌之掌中驚豔－馬超失家庭》
06	「隆興閣」 《五爪金鷹一生傳》	「隆興閣」 《五爪金鷹之蕩魔記》	「隆興閣」 《五爪金鷹系列～雙珠恩仇記》	「響洲園」 《月唐演義－五虎戰青龍》	「眞五洲」 《史豔文藏鏡人大結局》

07	**「明興閣」** 《三國演義：長板坡救主》	**「明興閣」** 《孫悟空大鬧天宮》	**「明興閣」** 《八仙鬧東海》	**「金鷹閣」** 《玉筆鈴聲之陰極皇朝前傳》	**「明興閣」** 《八仙鬧東海》
08	**「大台員劉祥瑞」** 《大俠百草翁：八卦千刀樓》	**「新樂園第三團」** 《鶴驚崑崙》	**「新樂園」** 《岳飛傳～岳家軍勇戰牛頭山》	**「華洲園」** 《三國演義》	**「李南震」** 《金光動山河》
09	**「國興閣」** 《玉筆鈴聲一生傳》	**「阿忠藝合團」** 《金牌殺手之大車拼》	**「台原偶戲」** 《馬克・波羅》	**「天宏園」** 《半屏山傳奇》	**「天宏園」** 《戲說台灣－湖內傳奇》
10	**「全世界」** 《南俠翻山虎：天劍門》	**「錦龍園」** 《三結義：文武雙狀元》	**「新世界」** 《西漢演義》	**「新天地」** 《濟公傳奇》	**「昇平五洲園」** 《虎豹母－陳弄嫂》

附錄一：《哪吒傳奇》劇本

「新天地掌中劇團」
黃聰國　編劇

OS：話說商紂王暴虐無道，周武王弔民伐罪，得姜子牙輔助終平定天下，開創周室八百年的基業，因天庭神仙一千五百年犯了殺戒，乃年積月累天下一場大亂，一則姜子牙該漸代天封神，成湯天下該滅，周室將興。
就在此時半空中金光萬道，瑞氣千條，由天而降下一位神仙。

第一場　舖　敘

景：乾元山

人物：太白金星

太白金星：欺人欺己難欺天，無上妙道順持堅，滅卻三心飛四相，去假求眞證金仙。吾乃太白金星是也，今拜領玉虛法旨帶靈珠子下凡降世，一路前往乾元山金光洞。

第二場　詔　旨

景：金光洞

人物：太乙真人、太白金星

太乙眞人：淡淡青天不可欺，興周滅紂應天時，萬仙劫數封神榜，武王起義在西岐。山人太乙眞人，拜師東崑崙玉虛宮元始天尊，從來泰運多樑棟，自古昌期有劫燐，戊午旬中逢甲子，漫嗟朝盡夜沉淪，紂王暴政無道，商朝基業將盡該是周武王開創周室江山。

OS：報太白金星到。

太乙眞人：太白金星駕到。童兒！開洞門迎接侍候。

△太乙眞人接太白金星

太乙眞人：不知太白金星來到金光洞有何貴事？

太白金星：拜領玉虛法旨前來開讀。

△太白金星打開玉虛牒文開讀。

太乙眞人：聖壽無疆聖聖壽。

太白金星：玉虛牒文商朝該滅周朝當興，姜子牙登台拜將興周滅紂，玉虛牒文遣賜靈珠子拜領牒文下凡陳塘關降世三太子李哪吒，來日輔助姜子牙興周滅紂，爲了保護靈珠子本命星，由乾元山金光洞太乙眞人負責栽培教導，牒文讀畢叩謝接玉虛牒文。

△太乙眞人接玉虛牒文。

太乙眞人：恭接玉虛牒文聖壽無疆，太白金星一路辛苦了。

太白金星：這次靈珠子要前往陳塘關降世三太子李哪吒，有勞太乙眞人凡事多配合。玉虛牒文帶到，吾要回玉虛繳玉旨。

太乙眞人：太白金星要回玉虛，受我奉送起程。

太白金星：不用！

太乙眞人：該然！該然！

△太白金星下台。

太乙眞人：太白金星交代靈珠子要前往陳塘關降世，所有一切要我負責，爲了安全起見，要降世之前，將我鎮山之寶「乾坤圈」、「七尺混天綾」附在靈珠子身上，時辰將到，帶靈珠子前往陳塘關投胎轉世，出世三太子李哪吒。

△太乙眞人駕雲而去，下台。

第三場　校　閱

景：練武場

人物：李靖、兵士數名

李　　靖：大將南征膽氣豪，腰間秋水雁翎刀，風吹號鼓山搖動，電閃旌旗日月高。本總，陳塘關總兵李靖，自幼拜師西崑崙度厄眞人，得到老師眞傳，學到金、木、水、火、土五行遁功術。師尊言明我塵緣未了，今在吾主紂王駕前奉旨爲陳塘關總兵，八百鎮諸侯之亂。我食主俸祿當報君恩，每日在陳塘關校場操練兵馬，以防東伯侯亂軍來犯；娶妻殷氏，結髮生下兩子，長子金吒，次子木吒，兩人得到仙人傳授技藝。現在夫人又懷胎三年六個月了，難道國之將興必有爭雄，國之將亡必出妖孽，竟然夫人有三年六個月的懷胎，非妖則怪。今為夫人怪胎，心之不安，校場操練兵馬已畢，一路回府安慰夫人。

△李靖下台

第四場　分　娩

景：陳塘關李府

人物：殷氏、李靖、管家婆

殷　　氏：青春年華似春花，轉眼秋霜花漸謝，相夫教子傳家教，謹守婦德好名聲。妾身，殷氏配夫李靖，生下兩子，長子金吒，次子木吒。今有懷胎三年六個月，昨夜安睡夢中一夢，有一位仙風道骨的道長，言明有貴人下凡叫我不要耽心，然後飄然而去，到底此夢是眞是假，今妾身費猜疑！

OS：老爺回府。

殷　　氏：老爺操兵回來，迎接！

△殷氏迎接李靖。

殷　　氏：老爺在校場操練兵馬，一路辛苦囉！

李　　靖：提防遊魂關東伯侯之亂，每日在三、六、九期操兵練將，顧守陳塘關。校場操兵回來，今看夫人好似有心事？

殷　　氏：老爺有所不知，昨夜夢一奇夢，夢見一位道爺進入房中，手抱一位孩兒說明妾身懷胎非是怪胎，是貴人要來降世，叫妾身不用耽心。

李　　靖：這位道爺可有說出他的道號嗎？

殷　　氏：並無說明他的道號。

李　　靖：所謂日有所思，夜有所夢，夫人一定是為了身懷三年六個月身孕而擔憂，造成春夢無痕。

殷　　氏：雖是春夢無痕，但阮……唉喲！

△殷氏肚中痛疼。

李　　靖：夫人妳怎樣了？

殷　　氏：懷胎三年六個月不曾這麼疼苦，突然間肚尾一陣一陣疼痛，唉喲！唉喲！

李　　靖：人來！交代管家婆來！

OS：來了！

管 家 婆：參見老爺！

李　　靖：趕快扶夫人入房休息，而後請人來調治。

管 家 婆：我知道了。

△管家婆扶殷氏下台。

李　　靖：夫人對我說明昨夜夢見奇夢，不久之後突然間肚尾疼痛，難道是怪胎在做怪嗎？

OS：我來了！

管 家 婆：老爺，事情不妙！

李　　靖：怎麼樣？

管 家 婆：夫人肚子痛，以爲是要生產，結果不是生下孩兒，是生下一粒紅色肉球，在房內滾來滾去。

李　　靖：甚麼！果然是怪胎，既是怪胎，管家婆隨我入房內觀看。

△李靖、管家婆下台。

第五場　頑　靈

景：廂房

人物：家丁數名、李靖

△肉球跳台。

△家丁要抱肉球。

△家丁被肉球打得落花流水。

家　　丁：老爺，阮眾人被肉球打得頭青眼腫。

李　　靖：眞是家門不幸，肉球在府中做怪，待我抽出腰間之劍，剖開肉球看到底是何方怪物。

△李靖帶眾家丁下台

第六場　得　子

景：大廳

人物：李靖、李哪吒

△李靖遇肉球。

李　　靖：大膽怪物！竟敢在李府攪鬧，還不快快現出原形，該死！

△李靖手持利劍向肉球劃去，分開肉球，跳出一位小孩。

OS：李靖將肉球剖開，內中跳出一小孩子來。這位小孩遍體紅光，面如胭脂，右手套一金鐲，肚皮上圍著一塊紅綾，金光四射。此孩兒正是靈珠子化身，金鐲是乾坤圈；紅綾名曰「混天綾」，乃是乾元山金光洞之寶。

△李靖上前抱起小孩。

李　　靖：這分明是一位可愛的小孩童，怎會是妖怪呢？也許是我太多心了，快抱進房內讓夫觀看。

△李靖抱小孩童下台。

第七場　命　名

景：李府大廳

人物：李靖、太乙真人、家丁

李　　靖：夫人懷胎三年六個月，終於臨盆生下一子，又為我李家增添一子，眞是可喜可賀啊！方才許多的朝中好友前來朝賀，讓他們如此大費周章，眞是有些過一不去。

△家丁進報。

家　　丁：稟報總兵，外面有一位遊方道爺求見。

李　　靖：好禮相請入內。

家　　丁：是！

△家丁下台；太乙眞人出台。

太乙眞人：總兵老爺，山人稽首了。

李　　靖：陳塘關本總李靖，敢問這位仙長道號尊名？何處名山洞府？大駕來到陳塘關不知有何貴事嗎？

太乙眞人：無量壽佛，山人是修行在乾元山金光洞，道號太乙眞人。

李　　靖：原來是太乙眞人，不知來到陳塘關有何指教？

太乙眞人：哈！哈！在陳塘關府宅，金光萬道，瑞氣千條，必有麟兒降生，山人專程來到陳塘關拜訪，要來了解其詳。

李　　靖：不愧是仙風道骨的道爺，我夫人確實有生下一子。

太乙眞人：是否可以讓山人觀看令公子，不知尊意如何？

李　　靖：這乃小犬之福，來人啊！

△家丁出台。

家　　丁：總兵有何交代？

李　　靖：入內將小公子抱出讓道爺看。

家　　丁：是！

△家丁下台，將小公子抱出。

△太乙眞人接手。

△家丁下台。

太乙眞人：令公子是甚麼時辰出生？

李　　靖：小犬生在丑時。

太乙眞人：啊！不妙！

李　　靖：道爺，何事不妙？

太乙眞人：令公子生於丑時，犯有一千七百殺戒，可有號名？

李　　靖：不才有三子，長子金吒，拜師五龍山雲霄洞文殊廣法天尊；次子木吒，拜九宮山白鶴洞普賢眞人爲師；三子尙未號名。

太乙眞人：三公子與吾有師徒之緣，吾今爲他取名哪吒，日後就叫李哪吒。今吾要帶徒弟哪吒回乾元山金光洞，傳授技藝，有緣之日再放徒弟下山。

李　　靖：多承厚德取名，感恩不盡，來人啊！爲道爺準備素齋。

太乙眞人：不用了！山人有事即時要帶哪吒回山，就此告辭。

△太乙眞人帶哪吒下台。

李　　靖：道爺帶哪吒回乾元山金光洞，我顧守陳唐關，繼續操練兵馬。

△李靖下台。

第八場　習　武

景：乾元山後洞

人物：李哪吒

OS：鳥飛兔走，瞬間光陰，暑往寒來，李哪吒在乾元山金光洞學習武藝經過七年光陰，在乾元山的後洞李哪吒勤練功夫。

△李哪吒練功夫。

OS：徒兒哪吒，爲師有事交代速回。

李 哪 吒：我在練功，師尊用萬里傳音，要我回蒲團有事要交代，師尊交代不可延遲，趕緊來去見師尊。

第九場　下　山

景：乾元山金光洞

人物：太乙真人、李哪吒

△太乙眞人坐台。

△李哪吒出。

李 哪 吒：參見師尊萬福，不知師尊用萬里傳音叫徒兒有何事情交代，還是要再傳授功夫給徒兒。

太乙眞人：非也！今爲師要放你下山，回陳塘關與你雙親見面。

李 哪 吒：師尊！徒兒這段時日與師尊相處，承望教導，今日要回無恩可答，受徒拜別離開。

太乙眞人：不用。

李 哪 吒：該然！該然！

△李哪吒下台。

太乙眞人：吾徒既下山前去，僮兒，顧守乾元山金光洞，有事報吾知情。

△太乙眞人下台。

△李哪吒過台。

第十場　見　親

景：李府

人物：殷氏、家丁

殷　　氏：我兒哪吒被太乙眞人渡回山經過七年了，不知子兒可好？夫君爲保護國家安全，每日在校場操演三軍，妾身在府中等待佳音。

OS：來報。

△家丁出台。

家　　丁：稟夫人，三公子回來了。

殷　　氏：我兒哪吒回來，快快帶他進入。

家　　丁：是！

△家丁帶哪吒出台。

李 哪 吒：兒子拜見母親，向母親請安。

殷　　氏：是哪吒你回來了，你可知母親思念你麼？

李 哪 吒：孩兒也是同樣，母親爲何不見爹親呢？

殷　　氏：你爹親在校場操練三軍。孩兒今回來，母親有事要好好與你一談，隨母親入內。

李 哪 吒：是！母親帶路。

△殷氏帶李哪吒下台

第十一場　玩　心

景：李府後院

人物：李哪吒

李 哪 吒：哦！天氣這麼熱，心頭越來越煩悶，很想出關去玩。對了！來去問母親，她一定答應。

第十二場　請　示

景：李府大廳

人物：殷氏、李哪吒

殷　　氏：孩兒哪吒回來，老爹若操兵回府一定很高興。

△李哪吒出台。

李 哪 吒：母親，母親孩兒向妳請金安。

殷　　氏：是哪吒，來到廳堂何事？

李 哪 吒：孩兒想要出關玩耍，特來稟明母親，才敢前去，母親妳就答應孩兒啦！

△李哪吒撒嬌狀。

殷　　氏：你這個孩子就是愛玩，好啦！你要出關可以，不過必須帶一名家將同往。

李 哪 吒：多謝母親！我就知道妳最疼我。

殷　　氏：不可貪玩，快去快回，以免你爹親回來不高興。

李 哪 吒：孩兒曉得。

△李哪吒下台。

第十三場　戲　水

景：九灣河

人物：李哪吒

李 哪 吒：啊哈！叫我帶一名家將，我才沒那麼笨呢！要玩當然是要一個人才自在，才自由啊！嗯！前面有水聲，原來是九灣河，好！我走的滿身大汗，正好來去洗個澡。看我的哪吒翻筋斗第一式「宇宙輪迴」。

△李哪吒以翻筋斗方式跳入水中。

李 哪 吒：哈！哈……涼！涼……早就應該來這玩水了。

OS：哪吒跳入河中，頓時之間水面映紅，江河晃動，乾坤震撼，不覺之中已將東海水晶宮晃得亂響，猶如「九二一大地震」一般。

△急轉東海水晶宮。

第十四場　究　因

景：水晶宮

人物：東海龍王敖光、夜叉李艮、龜丞相、魚兵、蝦將

△魚兵蝦將、龜丞相，變化。

△景物晃動，猶如地震一般。

△龜丞相回報龍王。

敖　　光：奉旨坐鎮水晶宮，威鎮東海稱龍王，興雲吐霧雨露降，滋潤萬物第一功。本龍王敖光，因何水晶宮搖動這麼厲害，是發生甚麼事情？快傳巡海夜叉李艮前往查看。

龜 丞 相：是！

敖　　光：派巡海夜叉前往查巡，眾魚兵蝦將顧守水晶宮，等巡海夜叉消息。

△敖光、龜丞相、魚兵、蝦將下台。

第十五場　㔟　谿

景：九灣河

人物：巡海夜叉、魚兵、蝦將

李　　艮：吾乃靈霄寶殿御筆點差的巡海叉李艮，奉龍王之令，到海口查看是何方妖孽做怪，使水晶宮搖動這般強烈，身帶魚兵蝦將隨行來去。

△李哪吒在九灣河玩水。

OS：巡海夜叉李艮奉東海龍王之命，來到九灣河一望，見河水俱是紅的，光華燦爛，只見一位小孩兒將羅帕戲水。

李　　艮：這是甚麼狀況？孩子，你用甚麼怪東西把水變成映紅，使水晶宮殿搖動。

李 哪 吒：你是甚麼畜牲？竟然會說話。

李　　艮：我是巡海夜叉李艮，大膽那裡來的野孩子，竟敢罵我是畜牲，隨我回水晶宮見龍王，接受龍王的制裁。

李 哪 吒：我又沒犯錯，只是在此玩水。爲甚麼要我去見甚麼龍王，你憑甚麼？

李　　艮：野孩子，不聽我之言，不要怪我動手！

△巡海夜叉戰李哪吒。

OS：巡海夜叉李艮被李哪吒一句畜牲，而惱羞成怒；就這樣，兩人展開一場激戰。

OS：哪吒乾坤圈乃是太乙眞人所賜，巡海夜叉那禁得起這寶貝之威力，哪吒將乾坤圈向上一揮，正落在巡海夜叉頭上，慘叫一聲，即死在岸上。

△一旁的魚兵、蝦將看到夜叉死後，逃命而去。

魚　　兵：巡海夜叉被打死了，快回報龍王知情。

蝦　　將：快溜哦！

△魚兵、蝦將下台。

李 哪 吒：哼！算你們走的快，要不然就將你們捉來做燒酒蝦。哇！乾坤圈打死夜叉都沾血，拿來去洗一洗。

OS：話說哪吒將混天綾與乾坤圈一齊放入河中，水晶宮又何禁得起此二寶震撼。

第十六場　斬　龍

景：水晶宮

人物：龍王敖光、三太子敖丙、魚兵、蝦將

敖　　光：爲何水晶宮晃動劇烈，巡海夜叉去查探未回，難道發生甚麼意外嗎？

△魚兵、蝦將出台。

魚　　兵：稟……稟龍王。

敖　　光：何事？巡海夜叉呢？

蝦　　將：稟龍王，夜叉李艮被一個孩兒打死在陸地，特來稟報龍王知情。

敖　　光：甚麼！李艮乃靈霄寶殿御筆點差的，誰敢打死！來人啊！隨吾親自去看是何人？這麼大膽！

OS：且慢！

△三太子敖丙出台。

敖　　丙：參見父王，爲何事如此惱怒？

敖　　光：巡海夜叉被人打死在陸地。

敖　　丙：有這種事！是何人向天借膽，敢將巡海夜叉打死。

敖　　光：吾就是爲了解何人所爲，才正要前去看看。

敖　　丙：父王請安心，這件交給孩兒便可以，待孩兒將他拿來便是。

敖　　光：你要小心。

敖　　丙：父王放心，來人啊！備吾坐騎。

△敖丙下台。

敖　　光：皇兒前去，本龍王在水晶宮等待消息。

△散光、魚兵、蝦將下台。

OS：龍王三太子敖丙爲上岸捉拿李哪吒，騎上逼水獸備上戰戟由水晶宮而出，直逼九灣河而來，逼水獸狂吼一響，分開水勢，浪如山倒，波濤橫山，平地水漲尺。

△在九灣河上的李哪吒見勢。

李 哪 吒：哇！哇！好大的水浪喔！

OS：只見水浪中出現一隻逼水獸，獸上坐著一個人。

△敖丙大喊。

敖　　丙：是何人打死巡海夜叉李艮。

李 哪 吒：是我！

敖　　丙：你是誰？

李 哪 吒：吾乃陳塘關總兵李靖第三兒子，哪吒是也，我在此避暑洗澡，與他無干，他來罵我，我打死他也無妨。

敖　　丙：放肆，好一個哪吒，敢打死夜叉李艮，還敢在此撒野，胡言亂說，我敖丙今天要替李艮報仇。納命來！

△二人交戰。

李 哪 吒：慢且動手！你是何人？報出名字，我哪吒不殺無名之徒。

敖　　丙：孤乃東海龍君三太子敖丙是也。

李 哪 吒：原來是龍王之子，最好不要惹我，否則連那隻老泥鰍，我同樣將他剝皮。

敖　　丙：你眞是氣死我，今若不除掉你，我就不姓敖。

△二人再度交手。

OS：敖丙被哪吒激怒，手中戰戟勢如破竹攻向哪吒而來；逼水獸也在一旁適時幫助敖丙，不時向哪吒射出水箭，哪吒也非等閒之輩，順手一展將七尺混天綾向空中一拋，往下一裹，將三太子裹下，哪吒順勢手中乾坤圈提起，從逼水獸頂門揮下，只打得水獸腦液四濺。

敖　　丙：逼水獸死，可惡啊！哪吒！你竟敢將吾坐騎打死，我敖丙不殺你誓不爲人。

李 哪 吒：你本來就不是人！

敖　　丙：該死！看戟！

△二人血拼。

OS：身有七尺混天綾與乾坤圈兩項寶貝的哪吒，可說是未逢敵手，加上天生俱有的戰士精神，更說是如虎添翼，敖丙非是對手，被哪吒打出原形了。

△敖丙化出原形一條龍。

李 哪 吒：啊哈！被俺打出原形，現出一條龍，將他抽起龍筋，造成一條腰帶，送給爹親束戰甲。

OS：哪吒將龍筋抽走，自行回陳塘關，在一旁的魚兵、蝦將，嚇得渾身骨軟筋酥。

蝦　　將：三太子被哪吒打死，快回水晶宮回報龍王。

△魚兵、蝦將帶敖丙屍體下台。

第十七場　噩　耗

景：水晶宮

人物：龍王敖光、魚兵、蝦將

敖　　光：皇兒前去已有數時辰，不知如何了？

△魚兵、蝦將帶屍體出台。

蝦　　將：稟……稟！稟龍王，陳塘關李靖之子哪吒將太子打死，連筋都抽去了。

敖　　光：啥！吾兒乃興雲步雨，滋生萬物的正神，怎說被打死。李靖啊！李靖，你在西崑崙學道，吾與你也有一拜之交，你敢縱子非爲，將吾兒打死，連筋都抽去，與吾結了一天二地三江四海之大仇，我要爲皇兒報仇，吾倒要看看你能給我甚麼交待！

第十八場　尋　仇

景：陳塘關

人物：李靖、家丁、龍王敖光

李　　靖：紂王失政，逼反天下四百諸侯，再這樣下去，天下蒼生將會陷入狼煙之中，這是要如何是好呢？

△家丁進報。

家　　丁：稟總兵大人，外有一位自稱是大人故友敖光拜訪。

李　　靖：是道兄，快請！快請。

△家丁下台龍王敖光出台。

李　　靖：道兄一別多年，今日相逢，眞是大幸！也爲何道兄怒氣衝天，爲何事呢？

敖　　光：李靖，你生的好兒子。

李　　靖：道兄說笑了，吾的兒子那裡來得罪你了。

敖　　光：便是你三子李哪吒，在九灣河打死吾愛將巡海夜叉，更加可惡，連吾皇兒敖丙他也打死；不但如此，連筋都抽去，今天你若沒還我公道，休怪吾水淹陳塘關

李　　靖：道兄請勿怒，待愚弟將事情查明白。來人啊！叫哪吒來到大廳。

OS：是。

△哪吒出台。

李 哪 吒：參見爹親，喚兒子有何事情？

李　　靖：我問你，你要老老實實向爲父說明。

李 哪 吒：是！

李　　靖：你是否去過九灣河，曾經與人交手，而且打死對方，最後又將一位名叫敖丙打死，連筋都抽去，可有事實？

李 哪 吒：爹親一切都是事實，但錯並非是兒子，是對方。我在九灣河洗澡，甚麼夜叉見兒子開口就罵，所以孩兒與他交手，誰知三兩下子就被孩兒打死。最後再來一個叫敖丙也是同樣，苦苦相逼，無可奈何之下，我才將他打死，抽起他的筋，事情的經過就是這樣。

李　　靖：大膽孽子！你做的好事！今你伯父東海龍王敖光來到咱們府宅，還不快向前陪罪。

李 哪 吒：參見伯父，小侄不知，一時失錯望伯父恕罪。

敖　　光：李靖，事實擺在眼前，哪吒也承認，吾要爲皇兒報仇，明日稟奏玉帝，請玉帝定奪，哼！

△敖光揚袖而去。

李　　靖：孽子，今惹來大禍，恐怕陳塘關百姓會遭受池魚之殃。

李 哪 吒：爹親放心！常言道：『一人做事一人當』，豈肯連累父母，以及陳塘關所有百姓，這件事情孩兒會負責。

△哪吒下台。

李　　靖：眞是教子不嚴父之過啊！

△李靖下台。

第十九場　伏　龍

景：郊外

人物：龍王敖光、李哪吒

敖　　光：不該李靖逞子行兇，打死愛將巡海夜叉，以及吾兒；明日我上天庭稟奏玉帝，降罪於李靖，看你要如何保住陳塘關。

OS：慢且！

△李哪吒出台。

李 哪 吒：拜見敖伯父，我知錯了，但望敖伯父大人不記小人過，今侄兒在此再次向敖伯父賠不是，請伯父不要上天庭稟奏玉帝。

敖　　光：哪吒你大鬧九灣河，而且打死我的愛將巡海夜叉；尤其是打死吾兒又抽起他的筋，此仇不報吾誓不甘休。

李 哪 吒：伯父，哪吒再三要求，如果伯父若不答應，恐怕我是會……

敖　　光：會怎樣？難道你敢打吾！

李 哪 吒：不信你試看看，爲顧全大局我是會動手哦！

敖　　光：我就不相信，你敢向天借膽，我乃玉帝勅封施雨正神，你也敢打！

李 哪 吒：到了這種地步，侄兒祗有得罪了。

△李哪吒戰龍王敖光。

OS：哪吒與龍王交手數回合，哪吒再次使用乾坤圈套住敖光。龍王被乾坤圈套住化出一條青龍。

△龍王敖光化出原形一條青龍。

李 哪 吒：是你自己叫我打的，我當然照辦。嗯，對了！古人言：『龍怕扒鱗，虎怕抽筋』。

敖　　光：你敢！你就不要讓我有機會！

李 哪 吒：有機會又按怎樣？

敖　　光：我就讓你們陳塘關每天大水連連。

李 哪 吒：你眞是死性不改，看我怎樣教訓你，老泥鰍，我就扒你的龍鱗。

△哪吒扒龍王敖光的龍鱗。

敖　　光：痛死我！痛死我！

李 哪 吒：看你還敢不敢！

敖　　光：我輸了，請你不要再扒了。我投降，請高抬貴手，放我一馬。

李 哪 吒：會痛哦！要我饒你可以，不准你上天庭稟奏玉帝，若不照我意思，用乾坤圈將你打死。

敖　　光：祗要不再扒龍鱗，吾不上天庭稟奏玉帝，一路回東海水晶宮。

李 哪 吒：好！照你之意去做。起來！

△青龍化龍王敖光。

敖　　光：多謝哪吒，吾要回水晶宮了。

△龍王敖光下台。

李 哪 吒：幸喜在半路阻擋龍王，上天庭稟奏玉帝，總算對爹親有所交待，將這件事回陳塘關向爹親說明。

△哪吒下台。

第二十場　集　衆

景：水晶宮

人物：龍王敖光、魚兵、蝦將

敖　　光：好一個哪吒，欺吾太甚，此仇不報非君子。今會齊四海龍王兄弟，前往陳塘關興師問罪，看你李靖對吾如何交待。

△四海龍王齊會下台。

第二十一場　議　論

景：陳塘關

人物：李靖、殷氏、李哪吒、四海龍王

李　　靖：因何今日心神不定，坐立難安，莫非又要發生甚麼事情，眞是令我擔憂……

OS：報！四海龍王到。

李　　靖：壞了！四海龍王到。好禮迎接，再作打算。

△李靖接四海龍王。

敖　　光：哪吒三番兩次對本龍王無禮，若無交出哪吒，四海龍王齊會作法，水淹陳塘關。

李　　靖：這……

OS：我來了！

李 哪 吒：所有罪過中我承擔，與我雙親無關，祗要放過陳塘關百姓，連我父母，我願意在東海岸自行了斷，請伯父成全。

敖　　光：也罷！你爲顧全大局，甘願犧牲性命，有此孝心，我們就放過你父母，不再追求此事。

李 哪 吒：多謝四海龍王。

敖　　光：眾人前往東海岸看哪吒自行了斷。

△四海龍王、李靖、殷氏、李哪吒眾人前往東海岸

第二十二場　悔　過

景：東海岸

人物：四海龍王、李靖、殷氏、李哪吒

△哪吒向李靖夫婦跪下

李 哪 吒：爹親、母親！是孩兒不孝，盡做些讓您們傷心煩惱的事，犯下滔天大罪，累及雙親。孩兒在此乞求雙親原諒，今天爲彌補孩兒所犯之過錯，願受極刑；在此拜別，孩兒今後不能再孝順你們二位，是我不孝，望爹親、母親自己保重。

殷　　氏：哪吒，吾兒啊！

OS：哪吒言畢，提劍自剖其腹，削肉還母，刻骨還父，犧牲生命，挽救陳塘關百姓，以及父母，散了三魂七魄，一命歸黃泉，魂歸離恨天了。

殷　　氏：哪吒，哪吒！

△殷氏看哪吒死昏倒，李靖扶著。

敖　　光：此事就告此一段落，哪吒也稱得上是一位血性男兒，值得敬重，眾位兄弟咱們離開吧！

△四海龍王下台。

△李靖扶殷氏下台。

OS：此時哪吒魂無所依，魄無所倚，他原是天上靈珠子化身，故有魂魄，哪吒飄飄蕩蕩，隨風而至逕到乾元山金光洞而來。

第二十三場　重　生

景：乾元山金光洞

人物：太乙真人、哪吒

太乙眞人：吾徒劫數，今魂魄飄回乾元山金光洞，該是吾爲徒蓮花化身之日。

△哪吒魂魄入金光洞。

OS：太乙眞人取出五蓮池、蓮花二支、荷葉三片，按上中下，分天地人鋪成三才，法用先天，氣運九轉，分離龍、坎爲虎，步罡踏斗作法已畢。

太乙眞人：哪吒不成人形，更待何時，化！化……

△哪吒化成人形。

李 哪 吒：哪吒感謝師父再生之恩。

太乙眞人：哪吒，如今吾借蓮花助你再生，先前之事該與你重生而煙消雲散，不可心生報復之念。今後，你的任務是到西岐輔助你的師叔姜子牙，興周滅紂。

李 哪 吒：弟子謹遵師父教誨，不敢忘卻。

OS：日後姜子牙七十二歲下崑崙在西岐登台拜將，扶周滅紂。哪吒遵守太乙眞人教誨，克守其則，不敢忘怠，終在眾人合力之下，除暴安良，成爲人人尊敬的三太子李哪吒。

—— 全 劇 終 ——

附錄二：《哪吒小英雄》劇本

「臺北木偶劇團」
張嘉容、黃僑偉　編劇

【序幕】靈珠降生		
後　景：黑景 半山景：內景	道具	椅子

殷氏C區

殷　　氏：三年了！想我殷氏六甲在身也有三年六個月了，忍受著他人的風言冷語，怪異的眼神、四處求醫拜神，希望我兒能平安降生。母愛子是天性，有時陣好像能聽到他在我腹中叫我母親呀！（笑）每個查某人對子的期待總是又驚有歡喜（痛）啊！

殷　　氏：今天我感覺伊特別的活潑，不一定是伊想要趕緊和我見面……啊！我……（痛！）來人啊～

△C區燈暗，甲區燈亮，太乙眞人踢球在甲區上，噴煙

太　　乙：【新皮子】

靈珠著意周室興，太乙全能滅帝辛
剔肉削骨得重生，藕身毅魄位歸眞

△下字幕

哪吒小英雄、製作名單

<table>
<tr><td colspan="3">【第 1-1 場】真人賜名</td></tr>
<tr><td>後　景：黑景
半山景：內堂景</td><td>道具</td><td>肉球</td></tr>
</table>

△傳統偶：李靖、阿來

△李靖從椅子起身，阿來上台

阿　　來：（緊張的）老爺生了！

李　　靖：（怒）亂言！我那會生？

阿　　來：是……夫人生了（喘氣～）

李　　靖：是男的

阿　　來：不是！

李　　靖：生女的也不錯

阿　　來：也不是女的

李　　靖：（驚）啊？

阿　　來：是一粒肉球

△噴煙，A 區肉球上

李　　靖：狼膽妖孽，也敢借腹轉生，殺！

△李靖從 D 區跳上 B 區，換成持劍的金光偶，阿來下

李　　靖：看劍！

△甲區（上舞臺中間）金光李靖砍肉球

△李靖、肉球在 AB 區熱鬧打，噴煙下台

△傳統偶：李靖、哪吒 D 區上台

李　　靖：果然是妖孽！（砍）殺！

△李靖、哪吒武戲

△李靖持劍要往他頭砍下時，音樂停，哪吒喊了聲「爸爸」

哪　　吒：爸爸

李　　靖：你！（爸爸！）我！（爸爸！）虎再毒也不食子，我……於心何忍，（爸爸）但是這孩兒一出生就能言能行，非妖即怪，我李家一門清白，安能留此妖孽敗壞門風！（爸爸！）妖孽受死！

太　　乙：（內白）住手！

△太乙眞人乙區上台，噴煙

李　　靖：咦？你是？

太　　乙：吾是太乙眞人

李　　靖：太乙眞人？原來就是崑崙山原始天尊的高徒，失敬失敬。眞人喊住爲何？

太　　乙：李靖，此子乃是靈霄殿靈珠子，借你夫人之腹所生，要來助你李家成大業。

李　　靖：眞人，這孩子明明就一妖物，懷胎三年六個月，這根本不是一般正常人。

太　　乙：你所想乃世俗之念，你連一點機會都不給他，就一直反對，莫非不信山人？

李　　靖：豈敢豈敢。

太　　乙：此子將來必成大器。我欲收此子爲徒，不知意下如何？

李　　靖：但憑眞人，我想這也是他的福份

太　　乙：不知此子可號名字？

李　　靖：未曾號名，不如就請眞人賜名

太　　乙：就貧道所知，你有三子，長子名喚金吒，二子名喚木吒，如果照五行金、木、水、火、土，所以三子可號作「水吒」

△逗趣金光音效

李　　靖：「水車」（臉上有黑線）阿……如果生第四個不就叫火車～

△逗趣金光音效

哪　　吒：我不要啦！我不要叫做水吒，我要做哪吒

太　　乙：喔～眞有主見，眞好、眞好，那你就叫做哪吒吧！

李　　靖：感謝眞人賜名

太　　乙：待我送他一件混天綾和乾坤圈爲見面禮。

△太乙眞人把拂塵搖了兩下，閃出紅光和黃光。噴煙

△紅光化作一件混天綾讓哪吒穿在身上。

△黃光化作乾坤圈套在項上。

太　　乙：哪吒天生自然，很多功夫不用教就會了，只剩心智尚未健全，還需靠你及夫人的力量幫忙伊。

李　　靖：是是是，我必然負起責任，使我兒善盡責任、守規矩、講紀律，對得起朝廷和百姓、不辜負列祖列宗。

△音樂停

太　　乙：守規矩、講紀律嗎？——啊哈哈哈，李總兵，同一套標準，不是所有的人都適用。

李　　靖：若是李家子孫，就要傳承我李氏家訓。

太　　乙：（微微一笑）好。既是如此，我有要事在身，需回崑崙山，後會有期。

李　　靖：奉送起程！

太　　乙：不用。

李　　靖：當然！

哪　　吒：師父呀！再見喔！

△噴煙，太乙眞人跳 A 區飛走

殷　　氏：（內白）孩兒！孩兒！

△殷氏由侍女攙扶出台口上到 C 區

△哪吒李靖乙區下。

△哪吒李靖乙區上

△哪吒奔過去殷氏那兒，初生腳軟趴在殷氏身上撒嬌

哪　　吒：媽媽在叫我！媽媽……我在這！

△殷氏被哪吒嚇到

殷　　氏：你是誰！怎麼叫我媽媽？

哪　　吒：媽媽，我是你剛才生出來的囝仔啊，剛剛師父幫我取名叫做李哪吒！

殷　　氏：師父？哪吒？

△殷氏看向李靖

李　　靖：夫人！伊是咱的兒！方才太乙眞人講伊生得非常，是靈霄殿靈珠子，借夫人之腹所生，是要來幫助咱李家成大業。

殷　　氏：哦，原來如此。（抱哪吒）眞可愛的哪吒孩兒啊。感謝上蒼！

哪　　吒：媽媽！妳剛生完，怎麼不好好休息？

殷　　氏：我是聽到吵鬧的聲音，不放心，因此前來

哪　　吒：媽媽、沒什麼啦！是爸爸拿劍要殺我而已（童言童語）

殷　　氏：（暴怒！）啥？李靖你！

李　　靖：我是開玩笑的（心虛的）

殷　　氏：一點都不好笑（氣！）你是嫌我三年懷胎不夠辛苦？
李　　靖：沒沒……沒
殷　　氏：你最好給我一個理由，那是沒……哼！你這世人就睡書房
李　　靖：夫人我……冤枉啊～
△暗燈

【第 1-2 場】		
後　景：走景、樹林 半山景：山景	道具	樹、桌子、椅子

△全暗，音樂過場，換半山
△傳統偶：太乙眞人-D 區上，
太乙眞人：哪吒！隨爲師練功！
哪　　吒：是！
△哪吒和太乙眞人徒弟練功，變化
△哪吒 A 區上
太乙眞人：愛徒！刀槍劍戟你都會了。下禮拜這個時候，你再提新的兵器來練！
哪　　吒：是！師父，要提什麼兵器？
太乙眞人：看你李家有什麼寶貴的兵器，師父可以拿來賣，不……師父可以拿來教你！
哪　　吒：是，遵命！
△傳統太乙眞人、金光哪吒，下台

【第 2-1 場】慈親教子		
後　景：黑幕 半山景：內堂景	道具	牌位、弓箭、箭架、桌、椅、考卷

△傳統音樂
△祖先牌位 A 區上，黑幕
△李靖、殷氏在 A 區祭拜祖先

李　　靖：李家列祖列宗在上，弟子李靖同妻殷氏，望祖先保佑，望一家平安順遂沒代誌，哪吒好教養，能夠長智慧，望祖先保佑。

△李靖夫妻下 A 區，從 C 區進，桌椅擺台口

李　　靖：哪吒呢？怎麼沒在書房乖乖讀書？

殷　　氏：他大概是去上廁所了，一時離開而已。

李　　靖：哼！這孩子讀書一點也不專心，大人一不在，馬上跑得無影無蹤。

△B 區燈漸亮，哪吒從 B 區上，到兵器房找兵器，弓箭閃閃發光，哪吒被吸引住

殷　　氏：（幫李靖按摩）你每天都在操練兵馬，一回到家就要罵他，你也知道，這個孩子，和別人不一樣，無一定是今天要讀的書都讀完了，才跑出去玩的。

李　　靖：你又在幫他找理由了，讀書哪有嫌少。孩子早晚會被你寵壞，將來變成一個什麼都不會的「媽寶」。

殷　　氏：李靖！

李　　靖：（怕某反應）唉喲！

殷　　氏：你懂什麼？！

李　　靖：（怕某反應）是是是！

殷　　氏：像這樣的孩子，甘眞實有需要每天把他關在家裡讀書嗎？有需要逼的這麼緊嗎？

李　　靖：你妳你……賣生氣啦。

殷　　氏：很多事是書裡面沒教的。我們只要用心的關心他，多給他注意，比較有耐心一點，這個孩子的成就一定不在你我之下。

△哪吒從 B 區倒栽蔥頑皮出場

李　　靖：（怒喝）哪吒！

殷　　氏：（乾咳）咳咳！較有耐心一點啦

李　　靖：好啦好啦有耐心。（勉強把聲音放柔）哪吒～你跑到哪裡去了？

哪　　吒：我跟師傅練功夫剛剛才回來。

李　　靖：什麼？你去練功夫爲什麼沒有稟告父母？

哪　　吒：（不理問句）爸爸，我刀劍都已經練會了，太乙眞人叫我去找別項兵器下次來練習。你內堂的那弓箭看起來眞寶貝，可以給我練習？

李　　靖：不可以！

哪　　吒：爲什麼不可以？

李　　靖：哼！這個寶貝是「乾坤弓」與「震天箭」，從軒轅黃帝大破蚩尤的時候留傳至今，目前除了黃帝還沒有人拉得開，除了你阿爹李靖我……差一點點就可以拉開了！只有最偉大的大英雄，才可以拉開乾坤弓，射出震天箭，

哪　　吒：（打斷插嘴）是嗎是嗎？那安呢乎我來試看看！

李　　靖：給我閉嘴！我……也都拉不開了，你一個小小孩童，也想要拉開乾坤弓？你不是剛剛考試完，你的考卷呢？

哪　　吒：我……

李　　靖：拿出來！我看！

哪　　吒：喔！

△放大的考卷在甲區，刺眼的兩分

李　　靖：什麼！2 分？2 分？～2 分分分分分分？？？～

△搞笑音效下

李　　靖：這～這怎麼會是我李靖的孩子所考的分數，哎呀呀

△李靖腿軟

△李氏神主牌在 A 區，考卷在甲區

李　　靖：（對神主牌跪拜）我李氏列祖列宗啊，原諒孩兒不孝，教出這麼不用功不用心的孩兒。查甫阿祖、查某阿祖、阿媽、阿公、老父、老母啊，……（氣對哪吒）你竟然連這麼簡單的文章都不會背，給我考兩分！

哪　　吒：誰說我不會背？弟子規　聖人訓　首孝弟　次謹信　汎愛眾　而親仁　有餘力　則學文　入則孝　父母呼　我看過就背起來了，這對我來說，too eazy！

△考卷下

李　　靖：哼！你這個囝仔！

殷　　氏：給他讚美一下啦。

李　　靖：不要！

殷　　氏：講啦！

李　　靖：（怒）有什麼好讚美的？！

殷　　氏：哦！你這個人，老番癲、老固執！

李　　靖：夫人你免想要勸我。俗話講：少年不知勤學早，老來方悔讀書遲。

哪　　吒：哼，我什麼讀一遍就會了。是我那個班導師不信任我，我才故意不想寫考卷，讓他去跟別的老師炫耀，說班上有個天才。

李　　靖：哎呀呀，孩兒啊，我來說一個道理給你聽！

殷　　氏：又來了！又要說大道理了，這篇我已經聽到都會背了，我還是來去準備點心。

△殷氏走出 C 下台

△李靖在原地獨白

△李氏神主牌洋洋得意地在甲區上方

△哪吒在李靖說話過程中一直偷看 D 區

李　　靖：想我的一生中，一直有一個最高的願望，我希望能夠瞭解這個世界的眞理和天地奧妙。我上山求道，到西崑崙山，找度厄眞人爲師，學習五行遁術，也學得了一身的武功。

△弓箭 B 區上燈亮

△傳統偶哪吒趁李靖轉身，偷偷走到乙區往上爬到 B 區，換成金光偶哪吒從 B 區探出頭，慢慢爬出來，面對觀眾，亮相後再去玩弓箭

但是仙道難成，一個普通人想要登天成仙，談何容易？所以最後我決定下山，以自身武功報效國家。我小心謹愼，步步爲營，官累至總兵，鎭守在陳塘關。

△金光偶哪吒在 B 區把玩弓箭，觀察、試拉、把玩，往左拉、往右瞄準神主牌，往左向 B 區台口

李　　靖：在這裡，大大小小都聽令於我，不得違背。雖說人世間，富貴功名如浮雲，但世人總是以成敗論英雄，千萬不可一昧逞意氣之爭，最後往往只是對自己不利。應該表現的時候，你還是要及時表現，技壓群雄。爲父知道你的能力，也對你十分的期待，

△忽然弓箭對外射出，磅！（用沖天炮射出！）

△李靖往金光哪吒方向看。燈亮

李　　靖：咦，怎麼回事？哪吒！你做了什麼事？

金光哪吒：我拉開乾坤弓射出震天箭，我是大英雄！

李　　靖：阿！壞嘍～

△李靖往上 A 區跳下台

金光哪吒：哼！（氣）阿爸都沒有給我稱讚就跑出去！

△金光哪吒下，傳統哪吒由 B 區跳到 D 區上　B 區燈暗，弓箭收

△桌椅出，殷氏 C 區上台

殷　　氏：哪吒！

哪　　吒：哦，來了！

殷　　氏：哪吒！你爸爸去哪？

哪　　吒：（兇）我也不知道！我著拉開乾坤弓，射出震天箭，阿爸就追出去囉！

殷　　氏：啊，害囉！你阿爸沒有告訴你，只要震天箭一出，必要見血，萬一去傷害無辜的人，就害囉！

哪　　吒：沒有啊！阿爸只說，誰拉得開射得出，就是大英雄。

殷　　氏：唉，這個李靖，講話只有講一半，

哪　　吒：（質問）媽媽！爲何你和爸爸都沒有給我稱讚我是大英雄？！

殷　　氏：欸，哪吒！脾氣怎麼這麼不好！

殷　　氏：哪吒，坐下來媽媽跟你說。

哪　　吒：我不要！

殷　　氏：乖，坐下（拉哪吒）

哪　　吒：我不要啦！

殷　　氏：坐下來。（拉哪吒）

哪　　吒：（兇惡大喊）我不要啦！

△殷氏心生一計

殷　　氏：欸，我怎麼忽然間頭暈目眩，

△殷氏跌倒在地

哪　　吒：（大驚失色，急忙接住殷氏）媽媽，媽媽你怎麼了！媽媽你趕快坐下來（哪吒拉椅子，扶殷氏坐下）

△哪吒焦急地跪在椅子旁看殷氏

殷　　氏：嗚～

哪　　吒：媽媽！媽媽，你卡緊醒來！（急哭了）對不起，是我太壞把你嚇到，媽媽！

△殷氏起身後偷笑

殷　　氏：嘻嘻，哪吒！我沒事！

哪　　吒：啊！媽媽你騙我喔？（氣，欲起身）

殷　　氏：哪吒，英雄不是只會武力，還要有智慧，凡事不可衝動。還要有仁心，還要懂忍耐。

哪　　吒：什麼是智慧？

殷　　氏：智慧就是判別是非對錯的能力，書讀越多智慧就越高，你要好好在學堂跟老師讀書，以後才能像你爸爸做大將軍。

哪　　吒：什麼是衝動？

殷　　氏：你剛才不聽媽媽解說理由，就對媽媽發脾氣，這就是衝動。

哪　　吒：什麼是仁心？

殷　　氏：媽媽問你，剛才你爸爸若有跟你說震天箭射出去會傷到人，按呢你還要射不？

哪　　吒：不！不射！我才不會去害到人勒！

殷　　氏：對！按呢就對呀。

哪　　吒：媽媽你還沒跟我說什麼是忍耐？

殷　　氏：古語有在講，得忍且忍，得耐且耐，不忍不耐，小事成大。脾氣來的時存，稍按耐一下，按呢就能當大英雄。

哪　　吒：都怪爸爸沒給我講，害我做不成大英雄。

殷　　氏：這……唉，以後才慢慢跟你解釋。哪吒！快去讀書長智慧。

哪　　吒：是！我來去

△哪吒從甲走到 C 下台

殷　　氏：唉，這對父子，為何見面總像冤仇人？希望老爺能追得震天箭，莫要讓箭傷人。

△殷氏起身，燈收，殷氏、椅子 C 區下

<table>
<tr><td colspan="3">【第 3-1 場】哪吒鬧海</td></tr>
<tr><td>後　景：走景、水景
半山景：</td><td>道具</td><td>樹、水景、混天綾、五彩布</td></tr>
</table>

△C 區燈暗，水景出，燈暗中拆半山、換水景

△出水景、出水族

△蝦兵蟹將，蚌殼互撞，兩水族走出蚌殼理論

水　　族：龍太子壽誕，魚兵蝦將，兩廂侍候

△音樂下，噴乾冰，蝦兵蟹將下台

△出半山，樹林

△燈光轉變　炙熱感

△傳統偶：哪吒、阿來從 C 區上台

哪　　吒：（煩躁）一路來到此，玩耍不敢遲。天氣熱到強欲死，卻被人關在書房念書，有夠阿雜的啦！趁爸爸不在，卡緊出來玩水。（阿來拉住少爺）

阿　　來：少爺，時間不早，萬一老爺操兵回來，發現你不在，會很生氣。我們還是早點回去吧。

哪　　吒：好啦！我知道啦。熱得要死，外面熱、內底也熱，我歸身軀勇欲爆炸啦！

△傳統偶：哪吒跳上 A 區變成金光偶：哪吒

△金光偶：哪吒隨手拿乾坤圈揮舞，手起處，樹木應聲而倒。

△金光音樂

哪　　吒：咦！樹突然間倒下來了呢？

阿　　來：少爺，親像是你手內的那個乾坤圈砍的哦？

哪　　吒：咦？（再砍，樹倒）。哇，有夠好玩的，繼續剁下去！嘻嘻嘻～

△哪吒狂揮乾坤圈，林中的樹木們應聲而倒，火光音效大作

阿　　來：少爺～少爺～

△哪吒繼續揮乾坤圈瘋狂亂砍樹

哪　　吒：眞是好玩！哈哈哈阿哈哈哈

哪　　吒：欸，樹怎麼全部攏倒了了啊？啊呀，才剛剛覺得爽快一點點，又擱阿雜起來～煩囉！煩囉！煩～死囉！

△金光偶：哪吒衝出去從 B 區下台

阿　　來：少爺～少爺～

△傳統偶：阿來從 D 區下台

△出機關水景　桌椅岸邊上　五彩布（藍／白）

△傳統偶：哪吒、阿來 C 區上

哪　　吒：啊哈！這有水呢！待我來洗身一下，看能不能較快活一點！

△哪吒拿下七尺混天綾，放進水裡

【南詞調】

拿下來！放進水裡，慢慢洗來、慢慢洗來！ △哪吒洗衣動作

快活呀！好快活呀！ △水族驚慌動作

刹那間！一片河水已經變色！ △水景燈光變紅色

攪動起來！攪動起來！眞有趣呀！眞有趣呀！ △哪吒穿衣動作

身穿混天綾跳下水！

哪　　吒：哈哈哈，好爽快啊！

△音樂停

阿　　來：少爺，河水變成紅色了！

哪　　吒：哦？嘿嘿，眞可愛，這個混天綾還可以幫水染色，眞是有趣。

△哪吒在水裡揮動七尺混天綾，攪動水波，蘸水擦身，樂不可支。

阿　　來：少爺，賣擱玩了！河水越變越紅了！

哪　　吒：越玩越好玩！我要跳下去 swimming！

阿　　來：少爺少爺，咱來回去啦！少爺！

△哪吒不聽，帶著混天綾跳進水裡游泳

△哪吒游泳

【第 3-2 場】					
後　景：金殿 半山景：	道具	大龍、小龍 龍王桌子、乾坤圈	區位	C 區（岸邊） B 區（小金殿）

△暗燈。龍王（內白）：來人啊，兩廂伺候～

△傳統偶成 V 字型：龍王及桌椅在甲區、太子及水族 8 位分列 A、B 區

△燈亮

龍　　王：威震水府爲龍君，魚兵蝦將兩邊巡，呼雲降雨是由我，統管海中稱至尊。孤家東海龍王敖廣，今乃吾兒敖丙壽誕之日，大辦筵宴慶賀。

眾 水 族：敬三太子，祝三太子聖壽無躬！

龍　　王：哈哈哈，多謝諸位愛卿特地前來，替吾兒祝壽。

蟹　　將：哇，三太子聰明又勇敢、武功高強，又孝順，實在是咱龍宮的福

氣啦。

敖　　丙：唉呀感謝諸位，也感謝父王。

龍　　王：來來來，今日大王置辦薄宴，請眾將同飲，請！

△眾將官喝酒，彼此相互敬酒，你來我往，好不開心

△忽然水晶宮震動（佈景、偶動），眾將東倒西歪

龍　　王：嗯哼，吾兒啊，各位愛卿，是本龍王喝酒太多，頭腦昏花，還是……還是地震啊？

蝦　　將：這……

蟹　　將：無緣無故怎樣會地震呢？

△河水漸漸變色（紅燈）

△音樂停，水晶宮震動增強。搭配聲音。

三 太 子：父王！好像不是地震，不如請巡海夜叉李良，前往查探。

龍　　王：我兒言者有理，來人啊，

眾 水 族：是！

龍　　王：命李良巡海夜叉前往查看，而後報孤知情。

李　　良：在！

△AB 區暗燈

△C 區（岸邊）亮燈　五彩布

△B 區燈暗　金殿景　龍王水族

阿　　來：少爺，緊起來，緊起來哦！

哪　　吒：（水裏）呼呼！眞爽眞快活！！

△巡海夜叉李良持刀甲區半山上

李　　良：猴小孩！你眞好膽，也敢在此鬧動！

△哪吒跳上岸

哪　　吒：你什麼人？罵我猴小孩，還要抓我，你眞好大膽！

李　　良：我乃玉帝御筆欽點的巡海夜叉李良，奉龍王之令，擒拿鬧東海之人。

哪　　吒：鬧東海？沒啊，我在此洗身軀也不行嗎？

李　　良：洗身軀當然並不犯法，但是你不該用法寶，震動東海！

哪　　吒：哼！「懶得理你（國語）」，小小夜叉而已，若要講道理，叫龍王來見！

李　　良：放肆！小小孩童，如此猖獗，看刀！

△哪吒、李良A區打

△天兵在B區上

△李良到岸上與哪吒戰，哪吒將李良踩在腳下。阿來在近台口處瑟縮看

哪　　吒：嘻嘻！小小夜叉，被我腳踩在地，你還有何話可說？

李　　良：可惡，你敢將我踩住，好膽你就把我殺死我！殺了我！……

哪　　吒：哼，眞沒見過這樣子的要求（國語）！想要死我就成全你。看我的厲害！

△哪吒用乾坤圈擊中李良

李　　良：你……你……眞的殺……我……（死）

△哪吒踢李良屍體，將李良踢往B區小金殿，水族接住李良屍體

△C區暗燈　B區小金殿亮燈　龍王、敖丙、水族

水　　族：大王啊，代誌不好啊！李良被殺死了！

龍　　王：到底何方妖孽，也敢在我東海殺人，待本王前去教訓！

三 太 子：父王！這個小小妖孽，何需父王動手，讓孩兒前往將他擒拿。

龍　　王：好！吾兒快去快回。今日是吾兒生辰，等一下爲父還有禮物要給你。

敖　　丙：是是是，遵命，孩兒告辭！

龍　　王：（看著敖丙身影，對眾臣）來啊，將水晶宮稍作整理，等孩兒回來，我要將龍宮交給伊管理，以後我就輕鬆快意，雲遊四海去囉。

△B區暗燈

△龍王、魚兵下台

△後景：走景

△C區亮燈，岸邊上　五彩布上

△敖丙從A區半山台口上

家　　將：哎呀少爺，龍王派人來報仇了！

哪　　吒：你如果害怕去旁邊，這裡交給我！

敖　　丙：來者何人？（音同：蒼蠅）

哪　　吒：什麼來者何神！要吃蒼蠅你不會去吃蚊仔哦？

敖　　丙：叫你報名

哪　　吒：李哪吒

敖　　丙：我駕雲來的沒開車

哪　　吒：我叫李哪吒

敖　　丙：我就跟你說我沒坐車，你幹嘛叫我下車？

哪　　吒：我姓李名哪吒

敖　　丙：李哪吒膽敢闖入我東海行兇，打死巡海夜叉？

哪　　吒：你的東海？這個所在是我父親鎮守的陳塘關，哪哪哪！什麼人說是你家東海？

敖　　丙：哦，原來是那個沒路用的總兵李靖伊子？

哪　　吒：欸？！什麼沒路用的總兵李靖伊子？哎呀，你敢侮辱我的爹親？

敖　　丙：哼，我甘有講錯嗎？你老爸武藝不精，求道不成，艱苦打拼一輩子，也不過做到小小總兵。你是他的小孩，量必跟他一樣無能。

哪　　吒：（氣）厚～我爸爸是世界上最了不起的人，你竟敢這樣講他，我絕對要你死！你是什麼人？

敖　　丙：我？哈哈哈哈！——東海龍王三太子敖丙。見本太子還不跪下行禮？

哪　　吒：呸！小小一尾龍太子，焉敢目中無人，你再驕傲，我把你抓起來殺

敖　　丙：哇啦拉拉！好膽做你來！

△雙方大打出手，在 AB 半山上

△哪吒和敖丙變化

△哪吒變大偶，哪吒拿乾坤圈抓住大龍往下丟，大龍變小龍

△大哪吒跳下，變小哪吒，抓住龍頭，將龍尾猛甩擊地三下

△魚兵從 C 區台口上，驚惶看，不知所措

△哪吒欲（拿乾坤圈）高高重擊龍頭，敖丙上半身撐起抬頭喝住

敖　　丙：哪吒！你敢殺我？

哪　　吒：有何不敢？

△哪吒欲擊，敖丙再次喝住。

敖　　丙：我乃未來興雲佈雨之神，我若死去，後果如何你可知？

哪　　吒：不一定玉帝看我厲害，換我來替你！

△哪吒欲擊，敖丙龍頭第三次擋住

敖　　丙：哪吒！你不顧你李家以及陳塘關百姓的安危嗎？
哪　　吒：哼，父親常常在說，勝者爲王，敗者爲寇，你不必替我們擔心！
△哪吒（用乾坤圈）重擊龍頭，音樂配合重擊
△龍死，加音效加強氣氛
哪　　吒：哈哈哈，死翹翹了！聽講龍筋特別好用，我要抽出來，乎我阿爹作束甲
△哪吒抽龍筋動作，白色龍筋，噴煙
阿　　來：少爺……你你你……
哪　　吒：我很厲害吧！
阿　　來：我我我……
哪　　吒：你很驚……
阿　　來：對對對，對啦……
哪　　吒：免驚啦！我已經把它殺死了，還把龍筋抽出來！
阿　　來：不是啦，我是怕……龍王會找人來報仇啦……
哪　　吒：來，轉去啦！我要把抽出來的龍筋編成束甲，獻給父親！
△哪吒從 C 區台口下
阿　　來：欸，少爺等我！
△阿來從 C 區台口下
△魚兵驚惶帶走敖丙屍體

【第 4-1 場】龍王問罪		
後　景：廳景 半山景：內堂	道具	束甲、乾坤弓和震天箭、椅

△椅子和殷氏 D 區上，兵器室
殷　　氏：【二簧平】
哪吒生來非尋常，蓋世英雄志氣昂
仙人道他天兵將，日後威名四海揚
殷　　氏：唉，這個李靖哦，教不來哪吒，也不會找方法。我是要安怎才能使他明白，做父母也是需要學習的？
△哪吒從屋頂溜滑下來，頑皮方式上台

哪　　吒：阿母！爸爸呢？（左顧右盼找）

殷　　氏：你找你父親做什麼？

哪　　吒：（出示束甲）我知道爸爸最近戰事緊張，特別作了一條束甲要給爸爸。（繞著媽媽，渴望被讚美）媽媽，你看我是不是眞賢眞體貼？

殷　　氏：啊？（接過來看）嗯，哪吒，你眞識事，你爸爸收到一定會眞歡喜。

哪　　吒：哈哈哈，爸爸一定會甲我大大的稱讚！講我是英雄！

殷　　氏：是啦。不過哪吒，做人要較謙虛些，才會廣結善緣得人疼。

哪　　吒：咦？若是事實，我爲什麼不能誇自己？

殷　　氏：哪吒，有禮貌、嘴較甜，總是有好無歹！

李　　靖：（OS）嗯嗯！

哪　　吒：爸爸回來了！

△哪吒奔去李靖處

△李靖上台，哪吒在李靖和殷氏中間

李　　靖：（怒）哪吒！你怎麼在這，沒在書房念書？

殷　　氏：（怒）欸，李靖，你兒子有東西要給你！

李　　靖：（怕）欸！夫人～

△殷氏示意哪吒拿束甲給李靖

哪　　吒：（得意洋洋）爸爸！我有做一條束甲要給你喔，在這！

△哪吒將束甲給李靖，李靖不接

李　　靖：你不好好讀書，撫東撫西是要

殷　　氏：（打斷，怒）嗯哼！

李　　靖：（勉強修正口吻）嗯！孩兒越來越識事了。（接過束甲）

殷　　氏：哪吒，記得我跟你說的話！

△李靖看束甲

哪　　吒：（調整語氣）爸爸，我看你爲國事操煩，是眞不捨。我有好好練功，將來可以幫爸爸上戰場立功！

李　　靖：咦？～（略喜，抬頭對哪吒）你若想和爲父上戰場，以後也有機會。（揚揚束甲）這束甲做得不錯！乖囝仔，我穿上去！（做示意動作）

△哪吒非常高興

李　　靖：現在你只要好好讀書，我就謝天謝地囉！

哪　　吒：ok！沒有問題！我來去讀書。

△哪吒從D區台口下場。

李　　靖：（靠近殷氏）夫人，像這樣表現如何？

殷　　氏：哼，還差不多！

李　　靖：是夫人教得好。

殷　　氏：哪吒一心敬愛你，你若多給他點鼓勵，好好講道理，哪吒自然會努力改變。

李　　靖：嗯，也許你說的對，以前是我太嚴厲了。

△家丁阿來上

阿　　來：老爺！前廳來了一位大爺，氣撲撲，一入來就大聲譁喊，講是你的朋友要來找你～

殷　　氏：是什麼人？

阿　　來：他說他是東海龍王。

李　　靖：（與殷氏對看）東海龍王爲何來到家中？

殷　　氏：老爺，想當初你們曾經同在西崑崙山求道，曾有一拜之交，也許是老友來拜訪吧。

李　　靖：待我見過再做道理。

殷　　氏：這樣我們來去。

△李靖、殷氏從乙區下，到前廳。

△前廳　下舞台C＋D全區　一桌二椅

李　　靖：請！敖兄大駕光臨，有失遠迎。

龍　　王：哼！李靖！叫你家的哪吒出來！

李　　靖：敖兄，是怎樣囉？

龍　　王：哪吒殺死我兒之事，聽說～

△吹介

李　　靖：什麼？我兒哪吒殺死三太子敖丙，還抽了他的龍筋？不可能～龍王，這中間一定有什麼誤會。

龍　　王：誤會？我手下數百名魚兵親眼所見，難道說是我講白賊騙你嗎？

李　　靖：非也非也，龍王，吾兒才七歲，怎能將五百歲的龍子殺死，伊未

曾出門，還在家裡讀書

龍　　王：哼！事到如今，你是無要承認囉！

李　　靖：這……龍王請先冷靜，其實弟剛從校場回歸，未知虛實，請敖兄暫息雷霆之怒，待小弟速調我兒哪吒問個分明。阿來，叫哪吒入來！

△哪吒 D 區上，到李靖面前

哪　　吒：爸爸，你叫我什麼事？

李　　靖：我問你，你今天有沒有出去外面？

哪　　吒：嘿，我當然嘛有出去！

李　　靖：你？！你去哪裡？

哪　　吒：爹親，最近天氣較乾燥，孩兒書讀了就去了九彎河，跳下水玩耍。忽然間有一個自稱是巡海夜叉的人，前來甲我罵，還用斧頭甲我砍，我就用乾坤圈輕輕一損，伊就死啊。（得意）阿爹，你看我的武藝有高強否？

李　　靖：呀你這禽獸啊！

龍　　王：然後呢？繼續說下去。

哪　　吒：咦！你是誰？要說不說是我的事情，不用你指示。

李　　靖：不得無禮！哪吒，繼續說下去！

哪　　吒：接下來有一個叫做阿扁的！

龍　　王：是敖丙！

哪　　吒：他眞可惡，竟然講你……說你無能，我才會很生氣一不小心就將他打死，證明咱們不是好欺負的！你身軀那件束甲，就是我用他的龍筋做的

李　　靖：什麼？（震驚）

哪　　吒：（繼續說）穿起來是不是足舒適！

△李靖急脫束甲，尷尬擔憂不已

龍　　王：（怒笑）啊哈哈哈哈哈哈！李靖啊！你竟然將我孩兒的龍筋穿在身上，我，我～（悲憤）

李　　靖：龍……龍王息怒，我是眞實不知是吾兒所做～

龍　　王：不必多言！

△龍王打李靖，哪吒出手，三兩下分開了李靖和龍王，拿到了束甲

哪　　吒：人是我打死的，找我就好！

龍　　王：哼！大膽狂徒，納命來！

△龍王出手攻擊

△兩人過招

△龍王殺不了哪吒，反被哪吒踩在腳下。打得性起，拿起乾坤圈欲往龍王身上打下去

李　　靖：（厲喝）哪吒你做什麼？還不快放開龍王！

哪　　吒：爸爸！是他先出手的！

李　　靖：你殺人就是不對！

哪　　吒：你知道他們怎麼在背後說你嗎？

李　　靖：（厲聲）惦去！

哪　　吒：這！！好啦，媽媽講，嘴要較甜一點，（跪下。束甲獻給龍王）龍王，打死的是你兒子，歹勢歹勢，下次我不會啦！來，你子龍筋在此，還給你啦。

△龍王接筋撫筋，悲憤非常。

龍　　王：哪吒呀哪吒，你在我面前也如此猖狂！李靖哪吒，我們已結下血海深仇，我要去上奏玉帝，將你家滿門處斬！哼！

△龍王跳上 A 區，變成大龍飛走，閃光、音效

△殷氏 D 區上台，走到乙區

李　　靖：啊～畜生啊！看你惹得滔天大禍，來啊！進家法來！

哪　　吒：我都已經道歉了，爲什麼還要罰我？

殷　　氏：唉呀夫君！你先聽看看哪吒怎麼說，想辦法救他，動家法做什麼？

哪　　吒：是啊！父親，是他們先說你武藝不精，求道不成，艱苦打拼一輩子，也不過做到小小總兵，我才會

李　　靖：（惱怒）住口！住口！（苦笑）哈哈哈哈哈！我一心想要光耀李家門楣，報答父母和列祖列宗養育之恩，好不容易，好不容易官居總兵，現在卻因一小小孽畜，召來滿族殺身之禍。孽障啊孽障！

哪　　吒：爸爸！你不是講，不要讓別人看咱們無？武藝高強比什麼都重要？咱們父子合力，一定打的過龍王，爲什麼你會這麼軟種，什麼攏不敢？！

李　　靖：你……你說什麼話！

△李靖氣得拔劍出來，對哪吒砍不下手

李　　靖：啊呀！

△李靖砍桌子

殷　　氏：李靖！（暴怒）你自己沒才能，發洩在桌子有什麼用？你難道不能保護咱們，對龍王一點辦法都沒有嗎？

李　　靖：夫人呀……是我們無理，我能夠做什麼？你，你生的好孩兒啊

殷　　氏：哼，哪吒只是一個七歲孩兒，他懂得什麼？你是一個查甫人，要提出查甫人的氣魄！

李　　靖：阿呀！好！我最後再一次的機會給你，這次的代誌我來處理！

△李靖上甲區，變金光偶

金光李靖：從今以後，這個子我可能就沒辦法教了，若再犯錯我也無法度囉！你生的，你較行，乎你教，我沒辦法呀。請！

△金光李靖下台

殷　　氏：唉！

△殷氏坐下

殷　　氏：哪吒！母親不是教過你，英雄要有智慧、有仁心、能忍耐、不莽撞？爲何又惹此禍端！

哪　　吒：媽媽，爸爸爲什麼攏無維護我？

殷　　氏：（拍桌怒）住口！你不知道你犯了多大的錯！人家只不過是出言侮辱你幾句，你卻甲人殺死又擱抽龍筋

哪　　吒：可是是他們先出手！

殷　　氏：我不是跟你說，忍一時風平浪靜，退一步海闊天空？

哪　　吒：這……

殷　　氏：等龍王上報天庭，不要說你我父子三人，就是陳塘關全部的官民百姓，可能都逃不了性命……

哪　　吒：豈有此理！我馬上去找玉皇大帝評理！

殷　　氏：回來！你又忘了媽媽跟你說過的話：做事不可莽撞！玉皇大帝和龍王都是神，你一介凡人，憑什麼要求他們跟你評評理？難道媽媽跟你講的話，一點效果都沒有，媽媽眞實教你教沒來？（哭泣）

哪　　吒：媽媽你不要難過，是孩兒的錯，孩兒受教囉。我現在即刻去找師

尊太乙眞人，他一定有辦法！媽媽好否好否？好哄？好，好安呢我走了！（急躁下台去）

殷　　氏：唉！我是要安怎才能乎他學得會最對的方法？噯！上蒼啊～

【第 5-1 場】真人開導		
後　景：洞景 半山景：	道具	玲瓏寶塔

△太乙眞人 D 區出，把玩寶塔，坐台上 D 區

太　　乙：【梆子腔】

神機妙算細推詳，全憑八掛定陰陽

指點英雄迷律路，方顯仙家道法強

△哪吒上台。

哪　　吒：師父！！救命！！

太　　乙：哪吒，你惹出大禍了。

哪　　吒：咦！你已經知道了。

太　　乙：你心裡是怎麼想的，說給爲師聽？

哪　　吒：（訴委屈）師父，都是那個敖丙耀武揚威，講我侵犯到他家東海的領域，不准我在哪玩水。笑話，這明明就是陳塘關我爸爸管轄的領土，怎講是他東海的？他又笑我爸爸沒路用、無能，我一時心腹火著，才會把敖丙打死。

太　　乙：這是神和人的觀念和認知的不同

哪　　吒：（打斷）做神就有比較了不起嗎？我才不相信呢！伊不是同款被我殺死！

哪　　吒：人死都死了，我也跟龍王道歉過了，師父，我就不明白，這個可恨的龍王，爲什麼還不罷休，還要我父母跟我一起陪命？

太　　乙：哪吒啊，東海龍王傷心他的兒子死去，想替孩子報仇，這也是人之常情啊。你想看看，若是你媽媽失去了你，伊會傷心否？

哪　　吒：哦～如果是這樣，我可以代替他兒子孝順他啊。

太　　乙：哪吒，你要懂得將心比心，龍王可以代替你的父母嗎？那天本來是龍王三太子的生日，卻變成他的忌日。龍王本來要那天要傳位

于子，結果呢？面對的，卻是一個被抽掉龍筋的屍體，叫他安怎不傷心、不氣恨！

哪　　吒：（急辯）但是這件事情並不是我一個人不對！他也有錯啊！如果今天我功夫較差，死的人就是我呢！兩虎爭鬥，必損一傷，父親不是說，「勝者爲王，敗者爲寇？」可是我打贏阿爹不但沒有讚美我，還罵我！

太　　乙：哪吒，我了解你希望爹親接受和肯定。但是時機和方法不對。

哪　　吒：（傷心）我的所作所爲，都是按照父親的教導，可是我怎麼做，爸爸都不喜歡。龍王來找我索命，爹親也只是在邊仔看，不但沒救我，還罵我是妖孽，你都不知道，我一出世他就想要殺我，他根本就沒喜歡過我，嗚嗚嗚（哪吒哭）……

太　　乙：唉～你父子的結，還需要另外化解。不管怎樣，如今大錯鑄成，累及父母，哪吒，你打算怎麼辦？

哪　　吒：（早已想好）師父，我決定去阻止龍王跟天帝告狀。

太　　乙：阻止？這樣有用嗎？

哪　　吒：（跪下）師父，求求你幫忙我。

太　　乙：要幫你也可以，但是你得答應我兩件事。

哪　　吒：師父請說。

太　　乙：第一，不准你打死龍王。

哪　　吒：不會啦！我會節力，弟子遵命。

△太乙眞人指著自己拿在手上的玲瓏寶塔。

太　　乙：第二，現在師父幫你，將來當我要求你進到這玲瓏寶塔裡時，你就必須答應！

哪　　吒：這……師父這是爲什麼？

太　　乙：難道你以爲師父會害你嗎？

哪　　吒：好！既然如此，徒弟答應你。

太　　乙：好。很多事情，要自己體驗才會了解。爲師幫你這一次。

△太乙眞人在哪吒胸前畫符，音樂下。

太　　乙：師傅幫你在胸前畫符，有了這道符，你就可以在龍王面前隱身了。看你怎麼阻止龍王吧。

哪　　吒：多謝師父。

<table>
<tr><td colspan="4">【第 5-2 場】</td></tr>
<tr><td>後　景：走景
半山景：山景</td><td>道具</td><td>南天門</td></tr>
</table>

△加半山　南天門 B 區上

△金光龍出，變小偶　龍王獨白　A＋B 區

龍　　王：南天門怎樣還不開，我已等得不耐煩。日日夜夜無法入眠，翻來翻去攏睡未去，一閉眼就看見我孩兒，龍筋被拔慘痛哀嚎。孩兒啊，你死得好慘啊……

△隱身哪吒作弄龍王，哪吒此時尚未開竅，心中充滿怨氣，逮到機會就要作弄一下龍王發洩

△龍王被戲弄，龍王抬頭一看，哪吒現身，龍王心中大怒。

龍　　王：什麼人？竟然敢作弄本王，你不驚天兵天將抓你治罪嗎？

哪　　吒：我來這是要請你回去講道理，不是要惹你生氣。剛剛只是跟你開個玩笑而已。

龍　　王：殺子之仇，不共戴天，要我賣生氣，除非你死。

哪　　吒：好好的跟你講，你若不聽，我是敢哦！

龍　　王：敢安怎？

哪　　吒：（又霸氣起來了）我就敢打到你答應爲止。

龍　　王：孽畜可惡！（打）

△兩人從 AB 區打到 CD 區

△哪吒踩住龍王，正要痛打

龍　　王：哎喲喲喲我！等一下！

哪　　吒：怎樣？要認輸了嗎？

龍　　王：（內心獨白）可惡，哪吒武藝高強，不能力敵，只能智取。（對哪吒）好吧！

龍　　王：哪吒，你眞是英雄，老夫甘拜下風。

哪　　吒：哦？（大喜）你認輸了，那你還要告玉狀嗎？

龍　　王：不要告了，不要告了。本王認輸，輸得心服口服。小英雄你如此厲害，是我龍王父子不識好歹。

哪　　吒：哈哈哈～講得好！你如果有這樣覺悟，（眞的認眞考慮）安呢啦

——我也可以從此認你做義父，像你孩兒一樣孝順你，彌補你失去孩兒的痛苦，你說這樣好否？

龍　　王：（不敢相信這個提議）你要認我做義父，像我孩兒一樣孝順我？

哪　　吒：對啊。這樣也算是對你有點彌補，你失去一個兒子，換回一個兒子，就無損失了啊。

龍　　王：（怒極訝極反笑）哇～哈哈哈哈哈哈哈！沒損失？好～！我決定收你爲義子。

哪　　吒：眞實的？

龍　　王：當然是眞實的。

哪　　吒：好，義父在上，受哪吒四拜。

△音樂，哪吒嚴肅拜龍王

龍　　王：孩兒請起。那安呢，哪吒你已經是我的孩兒囉，我也沒有要再告御狀了，你也可以回去了。

哪　　吒：這……不行哩，你要跟我回去，跟我的爸爸說明。

龍　　王：嗯……

哪　　吒：難道你是騙我的？來！義父，請你變一個小龍，讓我收在衣服裡，跟我回陳塘關！

△哪吒拉住龍王

龍　　王：這～好，我跟你去！化！

△哪吒將龍王收入袖中

哪　　吒：義父，得罪了。咱轉來去囉！

△哪吒下台

<table>
<tr><td colspan="3">【第 6-1 場】逐出家門</td></tr>
<tr><td>後　景：公堂
半山景：內堂</td><td>道具</td><td>桌椅</td></tr>
</table>

△D 區　桌椅上　李氏神主牌在甲區上

△李靖在 B 區拜祭祖先，AB 區

李　　靖：【二簧原板】

有李靖、在府中、心神不定

養不教、父之過、自甘擔承

△李靖到D區

哪吒兒、殺敖丙、禍必降臨

怕只怕、那龍王、問罪典刑

李　　靖：唉，哪吒這個孩兒到底要怎麼教？

△哪吒頑皮現身乙區

哪　　吒：爸爸，我回來了！嘿嘿！

李　　靖：哼！

哪　　吒：爸爸，孩兒去請龍王回來，勸他不必上本，他已經答應，還答應化消冤仇，收我爲義子。

李　　靖：胡言亂語！還敢說謊！

哪　　吒：爸爸，我把伯父帶回來，可以當作證明。

李　　靖：胡說！龍王現在在哪裡？

哪　　吒：在這裡。化！

△哪吒從袖子裡拿出小龍，龍王化做一陣清風，現成人形。乙區上

△龍王狼狽不堪，面有怒色。

李　　靖：（驚訝）敖兄？（怒目看哪吒）唉！

哪　　吒：（恭敬的）義父。

龍　　王：哼！你這麼優秀的子我高攀不起。

哪　　吒：咦？

李　　靖：敖兄，是發生了什麼事？

哪　　吒：臭龍王，你怎麼說話不算話？

龍　　王：你殺我孩兒在先，又拔我鱗甲折磨我在後，還要我認你爲義子，天底下哪有這樣的事情？

哪　　吒：既是如此，你就不該答應我！

龍　　王：我何必要對殺子仇人講信用？

哪　　吒：你這不守信用的老泥鰍！可惡！

△哪吒要打龍王時被李靖擋住。

李　　靖：你這畜生，還要一錯再錯嗎？

龍　　王：（冷冷地）好了！好了！你父子倆不用演戲給我看。

李　　靖：敖兄！

龍　　王：看你如此刁滑，我即刻上書玉皇大帝，聯合四海龍王水淹你陳塘關，叫全陳塘關百姓一起陪葬。哼！

△龍王直接跳上A區，變成大龍，在A+B區盤旋

△殷氏從乙區哪吒右邊出台

李　　靖：唉呀！孽畜！孽畜！今日我若沒有綁子請罪，必定會連累我陳塘關無辜的百姓！

哪　　吒：爸爸，你怕什麼？跟他們拼了！

李　　靖：住口！你這個不知天高地厚的小子！跪下！

哪　　吒：我沒錯！我不跪

李　　靖：跪下！（暴怒）

殷　　氏：且慢～

哪　　吒：媽媽！

殷　　氏：李靖！你不保護哪吒，還要你綁他請罪！

李　　靖：（冷笑）夫人，你教的好子！！哼，我該做的也做了，該求的也求了！你生的孽子，大主大意惹來這麼大的禍端，就當做我沒生下他，從此咱父子恩斷義絕，以後不准踏入李家一步！哪吒，出去！

哪　　吒：不要！我是你兒子我不要出去！

殷　　氏：李靖，你！

哪　　吒：爸爸，我都是聽你教我的在做，爲什麼事到臨頭，你不敢挺身而出保護我？爲什麼你攏無維護我？你是不是眞正軟種，遇到有權有勢的人就自貶身分？

△李靖怒極拔劍對準哪吒

△李靖作勢欲殺哪吒，殷氏以身護哪吒，夫妻對打

李　　靖：住口啊！孽子！

【緊西皮】

罵聲孽子你細聽，做事不該太橫行

越思越想心越恨，今日斬斷父子情

殷　　氏：哎呀！李靖！

【緊板】

哪吒本是我親生，大將本是性剛強

今日若斷父子情，母子相依不回還

李　　靖：你這妖孽，明明出世要來害我全家。（怒喝）出去！

哪　　吒：好！我一人作事一人當，我出去！

殷　　氏：哪吒，不要走！

哪　　吒：媽媽！原諒囝兒不孝！

李　　靖：夫人放開！

△三人拉扯

△哪吒拋下殷氏下台

殷　　氏：（哭喊）哪吒！

△李靖緊緊抓住殷氏，不讓她追出去

△暗燈

【第 7-1 場】拜別父母		
後　景：黑幕、雨景、街道 半山景：內堂	道具	水管（下雨）、椅子

龍　　王：（內白）來人呀！隨我下凡擒拿李哪吒！

△AB 是戶外，CD 是李家客廳

△金光天兵天將從 AB 區踏雲景上

天兵天將：李靖，吾神奉玉旨，將哪吒擒回天曹吃罪，速獻哪吒！

李　　靖：哪吒不在陳塘關，諸位請回。

天兵天將：也敢隱藏人犯，來啊，將李靖擒回靈霄殿！

△眾天兵天將，和金光李靖對打，李靖贏

△金光龍 A 區出，傳統偶李靖殷氏從乙區出

龍　　王：李靖，還不把哪吒交出？

李　　靖：你殺我就是，囉嗦那麼多做什麼？

龍　　王：哼！別以為你可以替哪吒死，你若不將他交出，莫怪我發大水，水淹陳唐關！

李　　靖：哪吒現不在此。已經被我趕出去！

龍　　王：你要眼睜睜看陳塘關百姓陪你父子送死嗎？

李　　靖：我是眞是不知道！

龍　　王：來人呀！降雨來！

△閃電雷聲

李　　靖：龍王，哪吒的去處我眞是無知，你就將我擒回，一命換一命吧！

龍　　王：來人啊

△兩個天兵天將在乙區出

龍　　王：將李靖擒回靈霄殿！

△天兵天將拉李靖，殷氏飛奔過去救李靖

殷　　氏：且慢！

△殷氏與天兵天將互拉李靖，殷氏拉贏，然後把李靖護在身後

李　　靖：夫人，閃開！

殷　　氏：（兇）你恬恬！

李　　靖：夫人……

殷　　氏：我是你的牽手，死也要和你埋同窟

龍　　王：哈哈哈哈哈，看你夫妻情深意切，要死不驚無鬼通做，來人哪！

天兵天將：喲！

龍　　王：將伊兩人帶回靈霄殿！

天兵天將：遵命！

△傳統哪吒 D 區出現 OS：住手！

△走出來

哪　　吒：把我的爸爸媽媽放開！喝！

△放法寶把天將打退

△天兵天將下

龍　　王：哼哼哼，哪吒，你出現了齁！

哪　　吒：神有什麼好臭屁的？！惹我生氣，等咧一個一個抓來甲你們摔死！

龍　　王：好啊，死到臨頭，鐵齒硬牙槽！

李　　靖：哪吒，你回來做什麼？

哪　　吒：（不理李靖）別人怕你，我才不怕你，你要抓我雙親，除非從我的屍體踩過去！

龍　　王：（冷笑）如果你們不驚全陳塘關的百姓送死的話～

△龍王作法降雨，閃電水聲下

哪　　吒：龍王你眞是卑鄙無恥！
殷　　氏：龍王，求你饒過陳塘關的百姓啦！
龍　　王：不可能！今日若是哪吒沒有死在我的面前，我絕對乎全陳塘關，所有的百姓同日做忌！
哪　　吒：哼！別人死是他們的代誌，我只管我爸爸媽媽，剩餘的我才不睬他們！
李　　靖：啊呀，哪吒，孽子啊！你竟然說此自私自利的話！
殷　　氏：龍王，求你放過哪吒，代念他年少無知
李　　靖：夫人！不用求情了，這種孽畜，若是活著，還不知道要犯下多少大罪，死了活該！
殷　　氏：李靖你！
李　　靖：就當是我李靖不爭氣，生了一個妖孽，伊若不死，就是我們全家要亡！
哪　　吒：孽畜、妖孽，我是你子呢！你……（痛苦的）爲什麼要我死？！好！一旦你不要這份父子情！我也不希罕！我願剖腹剔腸，還你父母的恩情！
李　　靖：（怒）啊呀～你講什麼？
哪　　吒：雖然我是你所生沒有錯，今我剜骨還父、剔肉還母，從此與你李家恩斷情絕！
殷　　氏：哪吒！不可啊～
李　　靖：（怒）你這個孽畜，要死，趕快死死咧！卡沒去拖累到別人！
殷　　氏：李靖，你講這什麼話？！
哪　　吒：哼，我自己會出去免你趕！
哪　　吒：阿母，原諒孩兒沒有辦法再孝順你了
殷　　氏：（哭）哪吒～
哪　　吒：【反倒板】

小哪吒！

△哪吒與殷氏擁抱

別雙親！難捨難分！

△哪吒對殷氏跪拜、行大禮，哪吒與母親拜別

（哭科：母親！我老娘！母親伊！）

△李氏祖先牌位出，在甲區

【引子】

陳塘關內　亂紛紛

△傳統偶：陳塘關百姓一群慌忙逃出來從 B 區上

【婆士調】

天兵天將　來圍困，(9：24)

△哪吒拜別李靖

△拜別李氏祖先牌位

△哪吒慢慢走下台　殷氏想拉住哪吒，傳統哪吒推開，D 區下跳上 A 區

龍王爲子要償命。

可恨李靖無父情，

△金光偶：哪吒 B 區上

金光哪吒：（怒喝）龍王！我來了，把雨停下來！

△雨聲收，龍王變小偶 A 區出

又道哪吒是妖人，

△金光偶：哪吒開始自殘，砍右腳→砍左腳→

好似剛刀刺我心！

（哭科：母親！我老娘！母親伊！）

△金光偶：由上往下削身體→斷左手→刺腹

【反雙板】

削骨剔肉　還雙親

△金光偶：哪吒搖晃下

△殷氏對龍王，同時也對李靖說

殷　　氏：現在我子深受千刀萬剮之苦死了，這樣你甘願了嗎？歡喜了嗎？

敖　　光：歡喜？（停兩秒）我應該歡喜！（停兩秒）我有歡喜嗎？我子大仇已報，但是也造成另一個家，家、破、人、亡～唉！罷了！來人啊！

水　　族：在！

敖　　光：來人呀……（悽慘語氣）隨我回府！

△龍王下，燈暗

殷　　氏：（哭喊）哪吒啊～哪吒！

△李靖扶著殷氏

【第 8-1 場】李靖毀廟		
後　景：黑幕 半山景：內堂	道具	

△燈亮，傳統偶殷氏 C 區上，抱著哪吒偶像

殷　　氏：（黏貼縫補哪吒小偶）可憐的哪吒啊，媽媽還沒有抱你抱夠，爲娘沒有用，不能保護你，在此，親手將你破碎的身軀復原。（縫縫補補）好囉，完成了，嗯……可惜阿娘的手藝不好，縫不出你萬分的靈巧聰明的模樣，你若是在天上之靈，你的靈魂就鑽入來這個小偶，來乎媽媽再抱一下。哪吒，你有聽到否？哪吒～（看，無動靜）「嬰仔嬰嬰睏　一暝大一吋　嬰仔嬰嬰惜」

△黑布在 A 區搖晃，消失

殷　　氏：啊呀！忽然間這小偶對我微微笑？我感覺這偶的身體有溫度？甘講……哈哈哈，哪吒你回來到媽媽身軀邊了哦，乎媽媽再抱一抱，乎媽媽惜一惜。從今以後，不要再離開媽媽的身軀邊。（哭介）哪吒啊，哪吒！

△李靖 C 區上，看見殷氏抱著小偶

李　　靖：夫人！你在做什麼？

殷　　氏：我在跟哪吒講話，你是沒看到啊？

李　　靖：哪吒？唉，胡言亂語！

殷　　氏：（不理李靖，繼續抱哪吒偶唱）嬰仔嬰嬰睏　一暝大一吋　嬰仔嬰嬰惜

△李靖搶偶

李　　靖：拿來乎我！

殷　　氏：不啦！

李　　靖：乎我！

殷　　氏：不啦！

△搶奪中不愼掉落地面打碎

殷　　氏：啊，哪吒！吾兒啊！

△噴煙　哪吒魂飄出，黑布到 A 區搖晃，下
△殷氏跪下，一面撿哪吒的像，一面與李靖對話
殷　　氏：我的兒啊。（撿起來，對李靖）你，你好狠的心啊，你竟然一而再、再而三將哪吒殺死！
李　　靖：（自責）我將哪吒殺死？！（否認）夫人你胡言亂語什麼，哪吒是他自己做不對事情，才不得不自殺謝罪。
殷　　氏：你身爲人家的老爸，一點也不維護他。
△殷氏站起來
殷　　氏：我們將哪吒帶回李家的宗祠好不好？
李　　靖：不行！
殷　　氏：爲什麼？
李　　靖：哼！他臨死前親口所說，已經不是咱們李家的人，那裏需要把他帶回李家宗祠？！
殷　　氏：你，你若不讓我在宗祠內底拜，我就要去建廟，讓四方百姓，千家萬姓都來甲伊拜！
李　　靖：呸！這個不肖子有什麼才調乎百姓祭拜？（柔聲勸慰）來啦，快去睡覺！來～
殷　　氏：我不啦！
李　　靖：（柔）來啦，去睡啦！
殷　　氏：（厲聲）你甲我放開啦！
△李靖退後
李　　靖：（難過的）夫人，你再這樣下去，身體會打壞啊！
殷　　氏：不免你管啦！「嬰仔嬰嬰睏　一暝大一吋」
△殷氏繼續唱搖籃曲
李　　靖：唉！
△李靖心痛無奈下
△黑布出
殷　　氏：「嬰仔嬰嬰惜　一暝大一尺」
△燈暗，撤殷氏和桌椅

<table>
<tr><td colspan="3">【第 8-2 場】</td></tr>
<tr><td>後　景：山景、樹林
半山景：樹林</td><td>道具</td><td>廟、桌子</td></tr>
</table>

△桌椅暗場、乩童阿來、民眾上 D 區，燈亮

乩童阿來：來來來各位善男信女啊，今仔日要開始嘍！隨我來隨我來，等咧我們這個太子廟今天第一次求神問卦，各位善男信女要問事情的，到旁邊拜一下（乩童被附身口白）

信　　徒：請問什麼神來附身？

乩童阿來：吾神……

信　　徒：蒼蠅？

乩童阿來：吾神啦！不是蒼蠅，

信　　徒：蒼蠅治土公

乩童阿來：黑白講！吾神土地公啦！也不能說土地公，要說太子爺啦！

乩童阿來：跟我巡山來呀！

△李靖騎馬上。馬蹄聲

李　　靖：來人啊，隨我巡視陳塘關。咦？頭前什麼廟？

兵　　甲：這是一個新起的廟，聽講很靈聖啦。

李　　靖：好！隨我向前查看，先將馬牽至一旁。

△兵甲牽馬下。李靖往前走，遇見家人阿來

李　　靖：咦？阿來？！

阿　　來：這這這這這，老爺！老爺你也來問事哦？

李　　靖：你為什麼在這裏？

阿　　來：我我我也是來拜拜的啦！

李　　靖：我問你，這間廟拜什麼主神？

阿　　來：這……

李　　靖：就咱少爺李哪吒～

李　　靖：李～哪～吒～！

△李靖氣極暈倒。

阿　　來：壞了壞了！難道中風了！老爺，精神（清醒）啊，精神（清醒）啊！

李　　靖：哎呀……哪吒，你這畜生啊！你身前擾害父母，死後愚弄百姓，
　　　　　我李靖是前世造了什麼孽，讓你生死都鬧的我不安寧？來人啊！

眾 士 兵：在！

李　　靖：將廟拆掉！

眾 士 兵：是！

△李靖命士兵眾人至廟旁兩側拆廟，士兵拿斧頭上

△廟倒下，轟然巨響，效果燈

李　　靖：（對眾百姓）陳塘關眾百姓聽著，此廟乃是邪魔妖道，不准再拜，
　　　　　若有人再拜，以軍法斬者不饒，回府！

△李靖往 C 區下，阿來跟在後頭

<table>
<tr><td colspan="3">【第 9-1 場】真人解救</td></tr>
<tr><td>後　景：三清
半山景：A＋B 區</td><td>道具</td><td>蓮花化身、小寶塔</td></tr>
</table>

△半山下，撤樹林、換洞景

△太乙眞人坐台玩蓮花。哪吒魂魄黑布上。

哪吒魂魄：師父啊～

太　　乙：哪吒？你怎麼有空來這？不在行宮接受香火，又來這裡做甚麼？

哪吒魂魄：師父呀……徒兒被可恨李靖將金身打碎，行宮乂被燒毀，弟子無
　　　　　所依倚，只得來見師父，希望師父解救。

太　　乙：唉，孽緣啊，你父子如此互相折磨。罷了！

太　　乙：道童，去到玉蓮池中，摘蓮花來。

道　　童：遵命！

△道童下又上

道　　童：師父，蓮花在這！

太　　乙：退下。

道　　童：我知道！

太　　乙：待我化來！（咒語）敕！（丟小蓮花）

△太乙騰空丟出小蓮花

△小蓮花轉到乙區下，中蓮花乙區上，轉片刻

△大蓮花甲區出，白煙散盡，從 A 區到 B 區再到 A 區，帶洞景幕走留黑幕
△燈全暗，蓮花人形背景上，一層層揭開換人型骷髏背景，大蓮花在右邊
旁白 OS：太乙眞人運動大法力用蓮葉蓮梗幫哪吒再造身體，用花葉梗兒兩枝折成三百六十節，散落在蓮藕化成的白骨上，再將荷葉接上中下接成天地人狀，再取出藥丹放在其中，然後走上法壇念動咒語施法，將哪吒從蓮花中化身出來。
太　　乙：哪吒，變化人形起來！
△金光哪吒從蓮花佈景中現身，停三秒，
△大蓮花下，藍燈亮，太乙眞人燈亮
△哪吒在 A 區
哪　　吒：師父啓首（磕頭）
哪　　吒：感謝師父再造之恩。李靖毀我金身，我要去找李靖報仇。
太　　乙：你既已重生，不如放下過去
哪　　吒：不行！這口怨氣我吞不下去！
太　　乙：哪吒，何必如此呢？請！
哪　　吒：師父，待我報仇完畢，即刻回來請罪！
△哪吒跳走
太　　乙：唉……事出必有因，有因必有果。～哈哈哈哈，看看接下來會有什麼結果發展！

【第 10-1 場】化消恩仇		
後　景：走景 半山景：戶外	道具	樹

△金光李靖哪吒武戲，A＋B 區（繞圈）
△變化，李靖哪吒武戲，D 區上，李靖敗，哪吒殺
△哪吒把腳踩在李靖身上，在 C 區，正要殺下去
△太乙眞人甲區出阻止哪吒。
太　　乙：哪吒住手！
哪　　吒：師父！你爲什麼不讓我殺李靖？
李　　靖：畜生，你敢？！

哪　　吒：我有什麼不敢，殺！

太　　乙：住手！（兩人定住）

哪　　吒：師父你！

△太乙真人放開讓兩人恢復動彈

太　　乙：哪吒，當日你求我相助，助你去阻擋龍王告狀，我要你答應兩個條件，我才願意出手幫助你。你還記得，這兩個條件是什麼？

哪　　吒：這……弟子答應師傅，第一，不准打死龍王。

太　　乙：嗯。第二呢？

哪　　吒：將來當師父要求我進到玲瓏寶塔時，我必須照做。

太　　乙：很好，說的沒錯，你都還記得。

△太乙真人秀出玲瓏寶塔，B 區出

太　　乙：哪吒，現在就是爲師要你進到玲瓏寶塔的時候囉。化！

哪　　吒：這……請等我殺死李靖，弟子即刻進入。

太　　乙：不行。師父要你現在立刻進入。

哪　　吒：這……不要，我不要！

太　　乙：你敢違背？

太　　乙：你進不進去？

哪　　吒：弟子和李靖有很大的冤仇。——除非，除非師父答應我，讓我帶李靖一齊進入，弟子即刻遵命。

太　　乙：好，成全你！（對李靖）李靖，你敢進去嗎？

李　　靖：我當然敢進去。

太　　乙：哈哈哈，那你就進去吧！

哪　　吒：李靖隨我來！

△哪吒抓李靖進到塔中。閃光加聲音。兩人消失

<table>
<tr><td colspan="3">【第 10-2 場】</td></tr>
<tr><td>後　景：黑幕
半山景：</td><td>道具</td><td></td></tr>
</table>

△樵夫在甲區砍樹

△箭：B 出，甲下，加音效

△馬蹄聲

哪吒魂魄／傳統李靖偶：(Echo) 李靖、李靖人呢？咦？這是哪裡？我不是在寶塔裏面嗎？

△金光哪吒甲區上

金光哪吒：這是什麼聲音？風聲呼呼，我歸身軀流冷汗，心跳跳到 200，我親像騎著馬在樹林裏面奔馳

△D 區，傳統李靖騎馬出

金光哪吒：咦？（看手，看自己，動身體）難道，我現在是在李靖的身體裏

傳統李靖：（騎馬）糟了！哪吒孩兒不知道，震天箭一旦射出沒有見血，不會回頭，我得去追箭！？

△D 區，傳統李靖從乙下

△樵夫出　箭追　李靖騎馬，下舞台 CD 區，走一台（第二次箭）

△樵夫上 D 區上

樵　　夫：哎呀救命哦！箭來了，救命哦！

△樵夫：乙下

△箭出，甲下（第三次箭）

金光哪吒魂：(Echo)（著急）害囉，前面一個樵夫，趕快去阻止他！（沖天砲射出）

△箭出台，改成炮箭（沖天炮）從舞台 D 區飛進來

△傳統李靖 D 區出　奔跳接箭救了樵夫，但自己左腳被箭射中

△金光哪吒和傳統哪吒被射到的腳要一樣

△箭射中同時，燈光瞬間變化，配合音效

傳統李靖：（被箭射中）唉呦！

金光哪吒魂：(Echo) 我被箭刺中啊！！

傳統李靖：（拔箭）嗚～這支箭刺得真深，我把它拔出來！

金光哪吒魂：(Echo) 唉呦，好痛的說！好痛喔！

傳統李靖：幸好、幸好！這支箭是射在我身上，才沒有傷害到無辜！唉，自從黃帝以後，連我也沒本事將這支震天箭射出，哪吒能夠射出震天箭，真是不簡單，他將來必成大器！

金光哪吒魂：(Echo) 吭，什麼？我聽錯了嗎？李靖在讚美我？

傳統李靖：但是，越有能力的人，越要注意，不能夠去傷害到別人。尤其是

哪吒，他不知道要怎麼樣使用這個能力，我講的他又不聽，唉！

金光哪吒魂：（Echo）吭？原來李靖這麼關心我，自己受傷這麼重，就只擔心我而已……

傳統李靖：哪吒呀！哪吒！如果找到方法好好的教你，你一定會成爲比我更加好的英雄啊！

金光哪吒魂：（Echo）我一直以爲你都瞧不起我，原來你心裏是肯定我的……你被箭所傷，卻一點都沒生我的氣……（燈暗）

【第 10-3 場】		
後　景：黑幕 半山景：	道具	樹

△時空變化。

△樹全在 B 區，金光哪吒 B 區出

李靖魂／金光哪吒：（Echo）啊，實在眞難受！我體內有很多股力量衝來衝去，找不到出口啦！

△金光哪吒下

△金光李靖上 C 區，傳統李靖 A 區

李靖魂／金光李靖：（Echo）怎麼這麼熱，我全身都燒燙燙，嘴乾舌燥，我……我……快要喘不過氣了！

△金光哪吒 B 區上，森林 B 區

李靖魂／金光李靖：（Echo）嗯？我怎麼會在哪吒的身體裡面？

金光哪吒：我將欲爆炸了啊，我一定要找一個出口！

△拿乾坤圈揮舞，手起處，一棵樹木應聲而倒

△哪吒狂揮乾坤圈，林中的樹木全倒，火光音效大作

金光／傳統李靖魂：（Echo）樹都倒了，眞爽快呀！哈哈哈哈！

金光哪吒：哇，有夠好玩的，嘻嘻嘻～

金光／傳統李靖魂：（Echo）啊哈哈哈哈！樹都倒下去了啊，眞爽快！眞爽快！——啊，又難受起來了，像有人在打我一樣

金光哪吒：啊呀，才剛剛覺得爽快一點點，又擱阿雜起來～煩囉！煩囉！煩～死囉！

△金光哪吒衝出去，B 區下台

金光／傳統李靖偶：（Echo）嗚～這種體內的難受，若不是自己親身經歷，實在難以體會，哪吒？哪吒去了哪裡？

△時空變化　李靖找哪吒

李　　靖：嗯？我現在是在哪裡？

△乾冰上，水波聲。燈光轉白天的河邊。敖丙怒罵傳統哪吒

△金光李靖在 A 區，傳統李靖在 C 區，敖丙和小哪吒靜止

△金光李靖看著 B 區敖丙和乙區小哪吒爭執

敖　　丙：哦，原來你就是那個沒路用的總兵李靖伊子？

哪　　吒：欸？！什麼沒路用的總兵李靖伊子？

傳統及金光李靖：（Echo）我竟然被人這樣看無！

哪　　吒：哎呀，你敢侮辱我的爹親？

傳統及金光李靖：（Echo）這個敖丙竟然敢侮辱我！可是，我感覺到哪吒的體內，比我自己還要生氣，千百倍的憤怒！

敖　　丙：哼，我有說錯嗎？你老爸學藝不精，求道不成，艱苦打拼一輩子，也不過做到小小總兵。你是他的子，諒必跟他一樣無能！

傳統及金光李靖：（Echo）現在又有一種新的情感，生氣之外，是心疼和不捨！哪吒，哪吒替我不平，心疼我乎人安呢糟蹋！

哪　　吒：（氣）厚～我爸爸是世界上最了不起的人，你竟然敢這樣講他，我絕對要你死！

傳統及金光李靖：（Echo）哪吒感覺自豪？哪吒以我爲光榮？他講我是世界上最了不起的人？

哪　　吒：你是什麼人？

敖　　丙：我？哈哈哈哈！——東海龍王三太子敖丙。見本太子還不跪下行禮？

哪　　吒：小小一尾龍太子，也敢目中無人，你再囂張，我把你抓起來殺！

敖　　丙：哇啦拉拉！好膽做你來！

△哪吒跳上甲區，雙方大打出手，在 AB 半山上

傳統及金光李靖：（Echo 聲）原來哪吒一心敬愛我，並無瞧不起我，我以前都誤會了～

△小哪吒和敖丙開始慢動作對打

傳統及金光李靖：（Echo 聲）（看兩人對打）哪吒……感謝你幫我出一口氣！
唉，哪吒，哪吒，我的武藝若是跟你一樣高強，那該有多好啊！

△哪吒慢動作踢下敖丙，下場

（暗燈）

【第 10-4 場】		
後　景：黑幕 半山景：	道具	樹、桌子、椅子

△傳統音樂下

△回 4-1 場　傳統偶：、李靖、哪吒、殷氏在 D 區，定住不動

△桌椅、龍王在 C 區

△金光哪吒在 B 區，殷氏、哪吒、小李靖在 D 區

金光哪吒：（Echo）我現在，又到了哪裡了？我是在哪裡？

△4-1 場　傳統李靖說話

傳統李靖：（怒）哇哈哈哈……（對哪吒說）好！最後再一次的機會給你，我來替你想辦法！（對殷氏說）這次以後，這個子我沒辦法教了，你生的你來教！若再犯錯就不要怪我無情！

△李靖下台

金光哪吒：（Echo）啊，這是龍王初次來興師問罪那一天～

△李靖、哪吒、殷氏下

△傳統龍王上台，手中拿著王冠，哪吒魂魄進入龍王體內

金光哪吒：（Echo）啊呀！我手中拿著王冠！我現在是龍王囉！

傳統龍王：（悲憤）祝你生日快樂，祝你生日快樂，祝你生日快樂兒，祝你生日快樂～（揮動拂塵），哈哈哈哈……（苦笑）孩兒啊，這原本是送你的生日禮物，孩兒，守護龍宮的重責大任，就交給你囉。爲父從此放下責任，逍遙四海囉……哈哈哈哈哈哈……嗚嗚嗚……孩兒呀……想不到明明是一個歡天喜地的日子，生卻變做死～（哭）

△稍微停頓再說話，準備轉換

金光哪吒：（Echo）可憐的龍王……爲什麼，爲什麼我感覺心如刀割～原

來……原來失去所愛的人，是這麼的痛苦，我恨不得自己替他死，這種的心情，我第一次感受到……

△傳統李靖 D 區上，迅速到乙區

傳統李靖：龍王……

金光哪吒：（Echo）是李靖！他來這做什麼？

△李靖拿出刀

龍　　王：哼！李靖，你拿刀是要殺我嗎？

△李靖把刀抵住自己脖子

李　　靖：龍王，我是要用我的性命來代替哪吒。

金光哪吒：（Echo 驚訝）什麼？李靖你在說什麼？

李　　靖：懇求你念在哪吒年少無知，放過哪吒吧。

龍　　王：哼！就算你自殺在我面前，我也是會將哪吒殺死！

李　　靖：龍王～我給你跪下來！

△李靖跪下

金光哪吒：（Echo）什麼，爸爸這麼愛面子的人，竟然爲了我，跪龍王？

李　　靖：龍王，我爲了哪吒求你，叩頭向你贖罪（五體投地）

△李靖跪拜磕頭

李　　靖：請你放過哪吒！

龍　　王：哈哈哈哈哈（苦笑），你想要爲你子死？

李　　靖：是呀！

龍　　王：你家哪吒要殺我子敖丙的時候，我有機會在他面前求他刀下留人？哪吒殺死我子，我要的是他的命，不能任何人能夠代替。

李　　靖：龍王，我要怎麼做才能讓你回心轉意？

龍　　王：你怎麼做我都不會回心轉意！我也要乎你親身體會失去孩子的痛苦。乎你像我一樣，一輩子活在痛苦和思念當中啊！哪吒要是不死，我絕對要全陳塘關的百姓陪葬！李靖，難道你要袒護你們李家的子孫，如此自私自利嗎？

李　　靖：這……

龍　　王：（狂笑）哈哈哈哈哈！

△龍王 C 區揚長離去

傳統李靖：哈哈哈哈……（苦笑）龍王、龍王！

金光哪吒：（Echo）原來，原來殺死敖丙那一天，爸爸就爲我去找過東海龍王，想要幫我替死……

△雨聲音效下

△龍王降大雨，陳塘關眾百姓上

△大水災，百姓慌張逃命，呼兒喊女（AB 走一台，CD 三台）

百 姓 們：救命啊！救命啊！我家壟乎水淹去了啊

百 姓 們：我女兒乎水流去啊

百 姓 們：爸爸！媽媽！你在哪位？

△百姓淒慘狀，AB 區走一台，CD 區走三台

金光哪吒：啊～這麼多的痛苦、傷心、憤怒、怨恨、哀悲　原來我衝莽的動作，造成的是別人一輩子的痛苦！爸爸、媽媽，陳塘關的百姓，對不起……

【第 10-5 場】		
後　景：黑幕 半山景：	道具	樹

△廳堂景。重演當日哪吒自殘景。

殷　　氏：你別哭了，希望下輩子我們還能當母子！

哪　　吒：阿娘！！

△從反倒板開始一路往下，人物不說話，音樂、雨聲、動作照走

△金光李靖 A 區出，金光哪吒 B 區出，看過去的傳統李靖、哪吒和殷氏訣別

【引子】陳塘關內亂紛紛

△傳統哪吒拜別母親，拜別父親，拜別神主牌

△傳統哪吒走下

金光李靖：（Echo，痛哭）我無法救哪吒嘍～爸爸沒辦法救你！

△雨聲收

金光哪吒：（Echo）爸爸，爸爸……我對不起你……！爸爸，我沒死，我在這，我還活跳跳的在這！

金光李靖：啊？哪吒，你沒死？

金光哪吒：是，爸爸，我沒死。

金光李靖：你無死？哈哈哈哈哈

金光哪吒：啊哈哈哈哈哈

△金光父子慢動作走到甲區，哪吒三叩首跪拜李靖

△噴煙燈光變化，跪拜後兩人一起噴煙變傳統哪吒李靖，哪吒原姿跪拜李靖乙區上　金光李靖哪吒下，寶塔出

△兩人已經出塔，回到現實世界

哪　　吒：（哭，對李靖跪拜）爸爸，現在我完全都感受到你的感受。爸爸，是我讓你操心了。

△李靖也對哪吒跪拜

傳統李靖：哪吒，父親對不起你……

傳統哪吒：不，是孩兒太過無知任性，沒考慮到別人的心情，只想到自己。

傳統李靖：是父親不了解你的特質，你的痛苦，我不但不能幫助你，反而還將你害死。

傳統哪吒：爸爸，是我乎你煩惱傷心了～

傳統李靖：沒，是爸爸不對，我應該更有耐心，接受本來的你。

傳統李靖：哪吒，你已還了父母恩情，你若不願再叫我父親，我也無妨。

傳統哪吒：爸爸就是爸爸，你永遠還是我的爸爸。

傳統哪吒：爸爸

傳統李靖：哪吒

傳統哪吒：爸爸

傳統李靖：哪吒

靖　、　哪：哈哈哈……

△噴煙　太乙眞人甲區出現

太　　乙：你兩人還在彼此怨恨互相相殺嗎？

靖　、　哪：感謝太乙眞人開導，我兩人已經化解誤會。

太　　乙：你兩人還是父子嗎？

靖　、　哪：還是父子。

太　　乙：那好。哪吒、李靖，我實在告訴你們，

太　　乙：你兩位各有天命，但是在今天之前，你兩人的能力和性格都嫌不足，不配擔當此項重任。今日玲攏塔中，若你兩人不能有所領悟，化消仇怨，我就會將你兩人永世關在玲瓏寶塔當中，你們也就沒

有機會去實現你們的天命。父母子女，乃是宿世因緣，不論善緣孽緣，命運都是互相牽連（命運的共同體），互相糾葛，沒有辦法輕易地逃離或是放棄，需要勇敢面對，才有可能化消恩仇。

靖、哪：多謝眞人教誨。

太　乙：李靖，貧道有一言相告！

李　靖：眞人請說

太　乙：我想要你即刻辭去總兵之職，暫且歸隱山林，等待周文王興兵伐紂，再助他一臂之力。

李　靖：是。

太　乙：哪吒！

哪　吒：在！

太　乙：你要幫助你的父親，兩人一起輔佐明君，將來能同成正果，父子一齊同列仙班。

哪　吒：哪吒遵命。

靖、哪：多謝眞人。

太　乙：哈哈哈哈哈……

全劇終